# LA LEY Y LA PROMESA

D1668871

# NEVILLE

Traducción de

Marcela Allen Herrera

Publicado en Estados Unidos
WISDOM COLLECTION
PUBLISHING HOUSE

**www.wisdomcollection.com**

Primera Impresión 2018
Edición Revisada 2023

ISBN 978-1-63934-071-2

La versión original de este libro fue publicada
en el año 1961 por el gran místico americano,
Neville Goddard.

Para otros títulos y obras del Nuevo Pensamiento,
visita nuestro sitio web:

www.**wisdom**collection.com

# INTRODUCCIÓN

Es un gran privilegio y profundo honor presentar esta nueva edición revisada de "La Ley y la Promesa". La traducción de esta obra maestra, así como de todos los demás libros y conferencias de Neville que he tenido el honor de traducir, ha sido una jornada espiritual en sí misma, un llamado del alma que me ha permitido profundizar en los misterios del ser y la existencia.

Mi misión siempre ha sido más que la simple transcripción de palabras de un idioma a otro; representa un profundo esfuerzo por capturar la esencia, la energía y el mensaje subyacente en cada texto. El Nuevo Pensamiento y las enseñanzas de Neville han transformado las vidas de innumerables personas, y es mi esperanza que esta obra sirva como un faro de inspiración y guía para los buscadores espirituales de nuestra época.

En este libro, Neville despliega un universo lleno de posibilidades, en donde cada uno de nosotros tiene el poder de ser el autor de su propio destino y alcanzar sus más grandes sueños. Pero este libro es más que un manual para la manifestación; es también una profunda exploración de la espiritualidad, un llamado a encontrar nuestro verdadero Ser y manifestar nuestra Divinidad. Ese es el destino de cada uno de nosotros.

Esta traducción ha sido realizada cuidadosamente para preservar la integridad del mensaje original, mientras que actualiza y adapta el lenguaje para hacerlo accesible al mundo de habla hispana. Si alguna vez has sentido el anhelo de algo más grande, de trascender los límites aparentes del mundo material, te invito a sumergirte en estas páginas. Permite que las palabras de Neville toquen tu corazón y transformen tu vida.

Tu compañera de viaje,
Marcela Allen Herrera.

# CONTENIDOS

# PRÓLOGO

*Ahora, ve y escribe esta visión en una tablilla delante de ellos. Grábala en un libro, para que se conserve como testimonio perpetuo hasta el día final.*
*(Isaías 30:8)*

Deseo expresar mi más sincero agradecimiento a los cientos de hombres y mujeres que me han escrito, compartiéndome sus experiencias sobre cómo han empleado la imaginación para generar un mayor bien, tanto para sí mismos como para los demás; para que nos alentemos mutuamente a través de la fe de cada uno. Una fe que se mantuvo leal a la realidad invisible de sus actos imaginarios.

El limitado espacio no permite incluir la publicación de todas las historias en este volumen. En la ardua tarea de seleccionar y organizar este material, Ruth Messenger y Juleene Brainard han sido una ayuda invaluable.

Neville.

# CAPÍTULO 1

# LA LEY: IMAGINAR CREA LA REALIDAD

*El hombre es toda imaginación. Dios es el hombre y existe en nosotros y nosotros en él ... El cuerpo eterno del hombre es la imaginación, que es Dios mismo.*
*– Blake.*

El propósito de la primera parte de este libro es mostrar, a través de historias reales, cómo la imaginación crea la realidad.

La ciencia progresa a través de hipótesis probadas tentativamente y luego aceptadas o rechazadas según los hechos de la experiencia. La afirmación de que la imaginación crea la realidad no necesita más consideración de lo que permite la ciencia. Se demuestra a sí misma en la ejecución.

El mundo en el cual vivimos, es un mundo de imaginación. De hecho, la vida misma es una actividad de la imaginación. El profesor Morrison, de la Universidad San Andrés, escribió:

3

*Para Blake, el mundo se origina en una actividad divina idéntica a lo que nosotros conocemos como la actividad de la imaginación; su tarea es abrir los ojos inmortales del hombre hacia adentro, en los mundos del pensamiento, hacia la eternidad, siempre expandiéndose en el seno de Dios, la Imaginación Humana.*

Nada aparece o continúa existiendo por un poder propio. Los eventos suceden porque actividades imaginativas comparativamente estables los crearon, y continúan existiendo solo mientras reciban tal apoyo. Douglas Fawcett escribe:

*El secreto de la imaginación es el mayor de todos los problemas, a cuya solución aspira el místico. El poder supremo, la sabiduría suprema, el deleite supremo, se encuentran en la remota solución de este misterio.*

Cuando el individuo resuelva el misterio de la imaginación, habrá descubierto el secreto de la causalidad, que es: La imaginación crea la realidad. Por lo tanto, aquel que es consciente de lo que está imaginando, sabe lo que está creando; reconoce cada vez más que el drama de la vida es imaginario, no físico. Toda actividad en el fondo es imaginaria. Una imaginación despierta trabaja con un propósito. Crea y conserva lo deseable, y transforma o destruye lo indeseable.

La imaginación divina y la imaginación humana no son en absoluto dos poderes, sino Uno. La válida distinción que existe entre los aparentes dos, no se encuentra en la sustancia con la cual operan, sino en el grado de intensidad del poder operante en sí. Actuando en un alto tono, un acto imaginario es un hecho objetivo, inmediato. En tono menor, un acto imaginario es realizado en un proceso de tiempo. Pero ya sea que la imaginación tenga un nivel alto o bajo, es la "Realidad última, esencialmente no objetiva, de la cual los objetos se vierten como repentinas fantasías". Ningún objeto es independiente de la imaginación en algún nivel o niveles. Todo en el mundo debe su carácter a la imaginación en uno de sus diversos niveles.

Fitche escribe:

> *La realidad objetiva se produce exclusivamente a través de la imaginación.*

Los objetos parecen tan independientes de nuestra percepción de ellos, que tendemos a olvidar que deben su origen a la imaginación. El mundo en el que vivimos es un mundo de imaginación, y el individuo, a través de sus actividades imaginarias, crea las realidades y las circunstancias de su vida; esto lo hace consciente o inconscientemente.

La gente le presta muy poca atención a este don invaluable —la imaginación humana— y un don es prácticamente inexistente, a menos que haya una posesión consciente de él y una disposición para usarlo. Todos poseen el poder de crear la realidad, pero cuando no se ejerce conscientemente, este poder duerme como si estuviera muerto. Las personas viven en el corazón mismo de la creación: la imaginación humana. Sin embargo, no adquieren mayor sabiduría a partir de lo que acontece allí. El futuro no será fundamentalmente diferente de las actividades imaginarias del individuo; por lo tanto, quien puede convocar a voluntad cualquier actividad imaginaria que desee, se erige como el maestro de su destino, y para él las visiones de su imaginación son tan reales como las formas de la naturaleza.

El futuro es la actividad imaginaria en su marcha creativa. La imaginación es el poder creativo no solo del poeta, el artista, el actor y el orador, sino también del científico, el inventor, el comerciante y el artesano. Su mal uso en la creación desenfrenada de imágenes desagradables es evidente; no obstante, su mal uso en la represión indebida genera una esterilidad que despoja al individuo de la auténtica riqueza de la experiencia. Imaginar nuevas soluciones para problemas cada vez más complejos, es mucho más noble que evadir los problemas.

La vida es una constante resolución de problemas continuamente artificiales. La imaginación crea acontecimientos. El mundo, creado a partir de la imaginación de las personas, comprende innumerables creencias en conflicto; por ende, jamás puede establecerse un estado perfectamente inmutable o estático. Los sucesos de hoy están destinados a perturbar el orden establecido ayer. Los hombres y las mujeres de imaginación, invariablemente, desestabilizan una paz mental preexistente.

No te sometas al dictamen de los acontecimientos ni aceptes la vida sobre la base del mundo externo. Afirma la supremacía de tus actos imaginarios por encima de los hechos y somete todas las cosas a su influencia. Aférrate con firmeza a tu ideal en tu imaginación. Nada puede arrebatarlo de ti, salvo tu incapacidad para persistir en la visualización del ideal hecho realidad. Imagina solo aquellos estados que son valiosos o prometedores.

Intentar cambiar las circunstancias antes de cambiar tu actividad imaginativa es luchar contra la naturaleza misma de las cosas. No puede haber cambio externo si antes no ocurre un cambio en el ámbito de la imaginación. Todo lo que haces, sin acompañarlo de un cambio imaginario, no es más que el inútil reajuste de las superficies. Visualizar la realización del deseo provoca una conexión con ese estado, y durante esa conexión, te comportas en consonancia con tu cambio imaginario. Esto demuestra que un cambio en el plano imaginativo conlleva un cambio en el comportamiento. No obstante, las modificaciones imaginarias que comúnmente experimentas al pasar de un estado a otro no constituyen transformaciones, pues cada una de ellas rápidamente cede paso a otra en sentido contrario. No obstante, cuando un estado se vuelve lo suficientemente estable como para convertirse en tu estado de ánimo constante, tu actitud habitual, entonces ese estado habitual define tu carácter y marca una verdadera transformación.

¿Cómo lograrlo? ¡Abandono de uno mismo! Ese es el secreto. Debes entregarte mentalmente a tu deseo cumplido, amando ese estado y, al hacerlo, habitar en el nuevo estado y ya no en el antiguo. No puedes comprometerte con lo que no amas, de modo que el secreto del autocompromiso radica en la fe sumada al amor. La fe es creer en lo que parece increíble.

Comprométete a sentir la realización del deseo, con la fe de que este acto de autoentrega se convertirá en realidad. Y debe convertirse en realidad porque la imaginación crea la realidad.

La imaginación es a la vez conservadora y transformadora. Es conservadora cuando construye su mundo a partir de imágenes provistas por la memoria y la evidencia de los sentidos. Es creativamente transformadora cuando imagina las cosas como deberían ser, construyendo su mundo de los generosos sueños de la fantasía.

En la procesión de imágenes, aquellas que tienen prioridad son, naturalmente, las que involucran los sentidos. Sin embargo, una impresión sensorial presente es solo una imagen. No difiere en su esencia de una imagen de la memoria o de la imagen de un deseo. Lo que hace que una impresión sensorial presente sea tan objetivamente real es la imaginación del individuo, actuando en ella y pensando desde ella; mientras que, en una imagen de la memoria o un deseo, la imaginación del individuo no está operando dentro de ella, ni pensando desde ella, sino que está operando fuera de ella y pensando en ella.

Si entraras en la imagen en tu imaginación, comprenderías lo que es ser creativamente transformador. Entonces, lograrías tu deseo y experimentarías la felicidad. Cada imagen puede ser materializada. Sin embargo, a menos que tú mismo entres en la imagen y pienses a partir de ella, no podrá cobrar vida. En consecuencia, es una completa insensatez esperar que el deseo se realice por el simple paso del tiempo. Aquello que requiere ocupación imaginativa para producir su efecto, claramente, no puede lograrse sin dicha participación. No puedes habitar una imagen sin experimentar las consecuencias de no habitar otra. La imaginación es una sensación espiritual. Entra en la imagen del deseo cumplido, luego otórgale vivacidad sensorial y los tonos de realidad, actuando mentalmente tal como lo harías si ya fuera un hecho físico. Ahora, esto es lo que quiero decir con sensación espiritual. Imagina que sostienes una rosa en tu mano. Percíbela con tus sentidos. ¿Puedes percibir el aroma de las rosas? Bueno, si la rosa no está presente, ¿por qué está su fragancia en el aire? A través de la sensación espiritual, es decir, a través de la vista, el sonido, el aroma, el gusto y el tacto imaginarios, puedes dotar a la imagen de una vivacidad sensorial. Si haces esto, todas las cosas colaborarán para ayudar a tu cosecha y, al reflexionar, verás cuán sutiles fueron los hilos que te llevaron a tu objetivo. No podrías haber previsto los medios que la actividad imaginativa empleó para manifestarse.

Si deseas liberarte de tu actual limitación sensorial y transformar tu vida en el sueño de lo que podría ser, necesitas imaginar que ya eres lo que quieres ser y sentirte tal como esperarías sentirte en tales circunstancias. Al igual que las fantasías de un niño que recrea el mundo según su corazón, crea tu mundo a partir de puros sueños de fantasía. Mentalmente, entra en tu sueño; actúa mentalmente como realmente lo harías si ese sueño fuera una realidad física. Descubrirás que los sueños no son realizados por los ricos, sino por los imaginativos. Nada se interpone entre tú y el cumplimiento de tus sueños, salvo los hechos, y estos hechos son creaciones de la imaginación. Cambiando tu imaginación, cambiarás los hechos.

El individuo y su pasado conforman una estructura continua. Esta estructura contiene todos los hechos que se han conservado y aún operan por debajo del umbral de su mente superficial. Para él, es simplemente historia. Aparentemente inmutable: un pasado muerto y firmemente fijo. Sin embargo, en sí mismo está vivo, formando parte de la corriente de la vida. No puede deshacerse de los errores del pasado porque nada desaparece. Todo lo que ha sido sigue existiendo. El pasado aún perdura y continúa produciendo resultados. El individuo debe retroceder en la memoria, buscar y eliminar las causas del mal, no importa cuán atrás se remonten. A esta acción de retroceder al pasado y recrear mentalmente una escena del pasado como debería haber ocurrido inicialmente, lo denomino "revisión", y la revisión resulta en "revocación".

Modificar tu vida significa cambiar el pasado. Las causas de cualquier dificultad presente residen en las escenas no revisadas del pasado. El pasado y el presente conforman la estructura total del individuo; llevan consigo todos sus contenidos. Cualquier alteración en el contenido resultará en una alteración en el presente y el futuro.

Vive de manera noble, de modo que tu mente almacene un pasado digno de recordar. Si no logras hacerlo, entonces recuerda que el primer acto de corrección o sanación siempre es la "revisión". Si el pasado es recreado en el presente, así también el pasado revisado será recreado en el presente, recordando la declaración: "Aunque sus pecados sean como la grana, como la nieve serán emblanquecidos" (Isaías 1:18).

El propósito del siguiente comentario, de historia en historia, es conectar lo más concisamente posible los distintos, pero siempre interconectados, temas de los catorce capítulos en los que he dividido la primera parte de este libro. Espero que sirva como un hilo de pensamiento coherente que une la totalidad, respaldando la afirmación: "Imaginar Crea la Realidad". Realizar tal afirmación es sencillo. Demostrarla en la experiencia de otros es mucho más complicado. La intención de este libro es motivarte a utilizar esta "Ley" de manera constructiva en tu propia vida.

# CAPÍTULO 2

# HABITAR EN EL INTERIOR

*Dios mío, escuché este día, que nadie construye una
habitación majestuosa, sino aquel que pretende habitar
allí adentro. ¿Qué casa más majestuosa ha habido, o
puede haber, que el ser humano? A cuya creación todas
las cosas están en decadencia.*
—George Herbert.

Desearía que fuera cierto para los nobles sueños del
individuo, pero lamentablemente, la falla común es la
construcción perpetua y la ocupación diferida. Para qué
"construir una habitación majestuosa" a menos que
pretendas "habitar en ella" ¿Por qué construir una casa de
ensueño y no "habitar en ella"?

Este es el secreto de aquellos que permanecen
despiertos en la cama mientras sueñan con cosas reales.
Saben cómo vivir en sus sueños hasta que, de hecho,
logran precisamente eso. A través de un ensueño
controlado, el individuo puede predeterminar su futuro.
La acción imaginativa de vivir en el sentimiento del deseo
cumplido lo lleva a través de una serie de eventos hacia el

cumplimiento del sueño. Si vivimos en el sueño, desde él y no en él, el poder creativo de la imaginación responderá a nuestra intrépida fantasía y el deseo realizado irrumpirá en nosotros, sorprendiéndonos.

El individuo es pura imaginación; por lo tanto, debe estar donde está en la imaginación, ya que su imaginación es él mismo. Lo más importante es comprender que la imaginación no es algo vinculado a los sentidos ni limitada al espacio que ocupa el cuerpo físico. Aunque el individuo se desplaza en el espacio debido al movimiento de su cuerpo físico, no está confinado a esa restricción. Puede moverse a través de un cambio en su conciencia. Por más vívida que sea la escena que captura su atención visual, puede dirigir su mirada hacia algo que nunca antes había presenciado. Siempre puede trasladar la montaña si altera su concepción de cómo debería ser la vida. La capacidad de trasladarse mentalmente desde la realidad tal como es hacia la realidad tal como debería ser, representa uno de los descubrimientos más significativos que un individuo puede hacer. Esto lo revela como un centro de imaginación con el poder de intervenir, permitiéndole modificar el curso de los eventos observados y avanzar de éxito en éxito a través de una serie de transformaciones mentales de la naturaleza, de los demás y de sí mismo.

Durante muchos años, un médico y su esposa "soñaron" con su "majestuosa morada", pero solo lo manifestaron cuando comenzaron a vivir imaginativamente en ella. Aquí se narra su historia:

13

«Hace aproximadamente quince años, mi esposa y yo adquirimos un terreno en el cual construimos un edificio de dos pisos que albergaba tanto nuestra oficina como nuestra vivienda. Dejamos un espacio considerable en el terreno para la futura construcción de un edificio de apartamentos, en el momento en que nuestras finanzas lo permitieran. A lo largo de esos años, estábamos ocupados pagando nuestra hipoteca, y al final de ese tiempo, carecíamos de los fondos necesarios para el edificio adicional que anhelábamos. Es cierto que disponíamos de un sólido ahorro, lo que brindaba seguridad a nuestro negocio, pero emplear cualquier porción de esos fondos en un nuevo edificio pondría en riesgo esa estabilidad.

Sin embargo, tu enseñanza nos introdujo un nuevo concepto, dejándonos claro que podíamos materializar lo que más deseábamos mediante el uso controlado de nuestra imaginación y que la manifestación de un deseo se tornaba más convincente 'sin dinero'. Decidimos poner esto a prueba, relegamos el dinero a un segundo plano y enfocamos nuestra atención en lo que más anhelábamos en este mundo: el nuevo edificio de apartamentos.

Guiados por este principio, construimos mentalmente el nuevo edificio según nuestras preferencias. De hecho, diseñamos planos físicos para solidificar nuestra imagen mental de la estructura en su totalidad. Jamás perdimos de vista la idea de pensar desde el final, en nuestro caso, la edificación concluida y ocupada. Realizamos numerosos viajes imaginarios a través del edificio, arrendando las unidades a inquilinos imaginarios, examinando minuciosamente cada habitación y disfrutando del sentimiento de orgullo cuando nuestros amigos nos felicitaban por la excepcional planificación. Trajimos a nuestra escena imaginaria a una amiga en particular (a quien llamaré Sra. X) una dama que no habíamos visto en un tiempo, ya que nos había marginado socialmente, creyéndonos un poco peculiares por nuestra nueva forma de pensar. En nuestra escena imaginaria, la llevamos por el edificio y le preguntamos si le gustaba. Escuchando su voz claramente, le hicimos responder: "Doctor, me perece hermoso".

En una conversación sobre nuestro edificio, mi esposa mencionó a un contratista que había edificado varios edificios de apartamentos en nuestro vecindario. Solo conocíamos su nombre a través de los carteles adyacentes a los edificios en construcción. No obstante, al darnos cuenta de que, si viviéramos en el final, no estaríamos buscando un contratista, de inmediato olvidamos ese punto. Mantuvimos estos períodos de imaginación diaria durante varias semanas, y ambos sentimos que ahora estábamos 'fusionados' con nuestro deseo y que habíamos logrado vivir en el final.

Un día, un desconocido entró en nuestra oficina y se presentó como el contratista cuyo nombre mi esposa había mencionado semanas atrás. Con tono de disculpa, comentó: "No sé por qué decidí detenerme aquí. Por lo general, no visito a las personas; son ellas las que vienen a verme". Explicó que pasaba frecuentemente frente a nuestra oficina y se había preguntado por qué no había un edificio de apartamentos en el terreno de la esquina. Le aseguramos que nos encantaría tener un edificio de ese tipo allí, pero que carecíamos de los fondos para llevar adelante el proyecto, ni siquiera teníamos los pocos cientos de dólares necesarios para los planos preliminares.

Nuestra respuesta negativa no pareció molestarlo en absoluto. Como si se sintiera obligado, comenzó a idear formas y medios para llevar a cabo el proyecto no solicitado y no fomentado por nosotros. A pesar de que pasamos por alto este incidente, nos tomó por sorpresa unos días después cuando este individuo nos llamó para informarnos que los planos estaban listos y que el costo estimado del edificio sería de treinta mil dólares. Agradecimos cortésmente y no tomamos ninguna medida. Sabíamos que habíamos estado viviendo imaginativamente en el "final" de un edificio terminado y confiábamos en que la imaginación armaría ese edificio de manera impecable, sin ninguna intervención externa de nuestra parte. Por lo tanto, no nos sorprendió cuando el contratista nos llamó nuevamente al día siguiente para comunicarnos que había encontrado un conjunto de planos en sus archivos que se adaptaba perfectamente a nuestras necesidades, con solo algunas modificaciones menores. Según nos informaron, esto nos ahorraría los honorarios del arquitecto por los nuevos planos. Una vez más, le agradecimos, pero no emprendimos ninguna acción.

Desde la perspectiva de un pensador lógico, una respuesta negativa tan tajante por parte de potenciales clientes terminaría definitivamente el asunto. Sin embargo, dos días después, el contratista nos llamó nuevamente, anunciando que había logrado encontrar una compañía financiera dispuesta a cubrir la mayor parte del préstamo necesario, con la excepción de algunos miles de dólares. Aunque suene increíble, persistimos en no tomar ninguna medida. Porque, recuerda, desde nuestra perspectiva, el edificio ya estaba construido y alquilado en nuestra imaginación, y no habíamos invertido ni un solo centavo en su construcción.

La continuación de esta historia podría compararse a una secuela de 'Alicia en el país de las maravillas'. Al día siguiente, el contratista se presentó en nuestra oficina como si trajera un regalo, y nos dijo: "Ustedes van a tener ese nuevo edificio de todos modos. He decidido financiar el saldo del préstamo yo mismo. Si están de acuerdo, haré que mi abogado redacte los documentos necesarios y podrán pagarme con las ganancias netas de los alquileres obtenidos".

¡Esta vez, sin duda, tomamos acción! Firmamos los documentos y la construcción comenzó inmediatamente. La mayoría de los apartamentos fueron alquilados antes de la finalización, y todos, excepto uno, se encontraban ocupados el día en que se completó la edificación. Estábamos tan emocionados por los eventos aparentemente milagrosos de los últimos meses que, por un tiempo, no captamos esta aparente 'falla' en nuestra representación imaginaria. Sin embargo, conscientes de lo que ya habíamos logrado a través del poder de la imaginación, pronto concebimos otra escena imaginaria. En esta ocasión, en lugar de mostrar el apartamento y oír las palabras "lo tomaremos", nosotros mismos nos imaginamos visitando a los inquilinos que ya se habían mudado a ese apartamento. Les permitimos que nos llevaran a través de las habitaciones y escuchamos sus comentarios llenos de satisfacción y alegría. Tres días más tarde, ese apartamento fue alquilado.

Nuestro drama imaginario original se había manifestado en todos los detalles, excepto uno, y finalmente se completó cuando, un mes después, nuestra amiga, la Sra. X, nos sorprendió con una visita largamente esperada. Expresó su deseo de ver nuestro nuevo edificio, y con gusto la guiamos por el lugar. Al final de la visita, escuchamos pronunciar las mismas palabras que habíamos imaginado muchas semanas atrás, cuando ella exclamó con énfasis en cada palabra: "Doctor, me parece hermoso".

Nuestro sueño de quince años finalmente se hizo realidad. Ahora sabemos que podría haberse concretado en cualquier momento durante esos quince años, si hubiéramos conocido el secreto de imaginar y cómo vivir en el final del deseo. Pero finalmente se logró; nuestro gran deseo se materializó. Y lo mejor es que no tuvimos que invertir ni un centavo de nuestro propio dinero en ello».

—Dr. M.

A través de un sueño controlado, un estado de vigilia imaginativa, el Doctor y su esposa dieron forma a la realidad. Aprendieron a habitar la casa de sus sueños en su imaginación, y ahora disfrutan de esa realidad. Aunque la ayuda aparentemente provino desde afuera, en última instancia, el curso de los acontecimientos fue determinado por la actividad imaginativa del Doctor y su esposa. Los participantes se vieron atraídos hacia su drama imaginario porque era necesario que estuvieran allí. Su estructura imaginaria lo requería.

> *Todas las cosas por una ley divina*
> *se mezclan una con la otra.*
> —La Filosofía del Amor. (Percy Bysshe Shelley).

La historia siguiente ilustra cómo una mujer preparó su "majestuosa morada" a través de la imaginación, durmiendo en ella o "viviendo en ella".

«Hace unos meses, mi esposo decidió poner en venta nuestra casa. El principal motivo para mudarnos, que ya habíamos discutido en numerosas ocasiones, era encontrar una casa lo suficientemente grande para nosotros dos, mi madre, mi tía, diez gatos, tres perros y un periquito. Puede sonar increíble, pero la idea de mudarnos todos juntos fue de mi esposo. Él siente un gran cariño por mi madre y mi tía, y argumentaba que, dado que yo pasaba la mayor parte del tiempo en su casa, sería mejor vivir todos juntos y compartir gastos. Aunque me gustó la idea, sabía que esta nueva casa debía ser especial en términos de tamaño, ubicación y disposición, ya que insistí en la privacidad para todos los miembros de la familia.

En ese momento, estaba indecisa sobre si vender nuestra casa actual o no, pero no discutí el tema. Basándome en mi experiencia pasada con la imaginación, sabía que nuestra casa no se vendería hasta que dejara de 'vivir' en ella a través de la imaginación. Luego de dos meses y varios agentes de bienes raíces, tanto mi esposo como los agentes se rindieron en la venta de nuestra casa. En ese momento, decidí que realmente deseaba el cambio. Durante cuatro noches, imaginativamente me dormí en la clase de casa que quería tener. Al quinto día, mientras mi esposo estaba en la casa de un amigo, conoció a alguien que casualmente buscaba una casa en las colinas. Rápidamente lo trajo a nuestra casa y, después de una breve inspección, dijo: "La compraré". Esto no nos hizo muy populares entre los agentes, pero no me preocupó, ya que estábamos contentos de mantener la comisión del corredor en la familia. Nos mudamos en diez días y nos quedamos con mi madre mientras buscábamos una nueva casa.

Enumeramos a cada agente en la zona de 'Sunset Strip' nuestros requisitos, ya que no estábamos dispuestos a mudarnos de esa área. Sin excepción, cada agente nos dijo que estábamos locos; que era completamente imposible encontrar una casa antigua de estilo inglés, con dos salas de estar separadas, apartamentos independientes, una biblioteca, construida en una loma plana con terreno suficiente para los perros grandes, y en una ubicación específica. Al mencionar el precio que estábamos dispuestos a pagar por esa casa, parecía que les daba lástima.

Les expliqué que eso no era todo lo que deseábamos. También queríamos paneles de madera en toda la casa, una gran chimenea, una vista impresionante y aislamiento de vecinos cercanos, por favor. En este punto, la agente se rio y me aseguró que no existía una casa así, y que si existiera, costaría cinco veces más de lo que estábamos dispuestos a pagar. Sin embargo, yo sabía que sí existía esa casa, porque a través de la imaginación, había estado 'viviendo' en ella durante un tiempo. Y si yo soy mi imaginación, entonces ya la había experimentado.

Para la segunda semana, habíamos visitado cinco oficinas de bienes raíces, y el señor de la sexta oficina ya nos estaba mirando con seriedad, cuando uno de sus colegas, que aún no había hablado, dijo: "¿Por qué no les muestras la propiedad en la calle King?"

Otro agente en la oficina se rio y dijo: "Esa propiedad ni siquiera está en la lista. Además, la anciana te echaría de la propiedad. Ella tiene dos acres allí, y tú sabes que no lo dividirá".

Bueno, yo no sabía a qué se referían con lo que ella no dividiría, pero mi interés se despertó por el nombre de la calle, ya que me gustaba mucho esa área en particular. Así que pregunté por qué no íbamos a verla, solo por diversión. Conducimos por la calle y salimos a un camino privado. Nos acercamos a una gran casa de dos pisos construida con madera roja y ladrillo, de apariencia inglesa, rodeada de árboles altos y asentada sola y distante en su propia loma, con vistas a la ciudad desde todas sus muchas ventanas. Sentí una peculiar emoción mientras caminábamos hacia la puerta principal y fuimos recibidos por una mujer encantadora que amablemente nos invitó a entrar.

Creo que no respiré durante los dos minutos siguientes, porque había entrado en la habitación más maravillosa que jamás había visto. Las sólidas paredes de madera roja y el ladrillo de una gran chimenea se elevaban a una altura de seis metros y terminaban en un techo arqueado unido por enormes vigas de madera roja. La habitación parecía sacada directamente de Dickens y casi podía escuchar villancicos de Navidad en el balcón del comedor de arriba que daba a la sala de estar. Una gran ventana catedral permitía ver el cielo, las montañas y la ciudad a lo lejos, y las hermosas y antiguas paredes de madera roja brillaban a la luz del sol. Nos mostraron un espacioso apartamento en el piso inferior con una biblioteca, entrada independiente y patio separado. Dos escaleras conducían hacia arriba a un largo pasillo que se abría hacia dos dormitorios y baños separados, y al final del pasillo había —sí— una segunda sala de estar que daba a un segundo patio protegido por árboles y cercas de madera roja.

Construida en dos acres de hermosos jardines, comencé a entender lo que el agente había querido decir con "ella no lo dividiría" porque en un acre había una gran piscina y un espacio con cobertizo, completamente separados de la casa principal, pero indudablemente pertenecían a ella. De hecho, parecía ser una situación imposible, ya que no queríamos dos acres de propiedad con altos impuestos, más una piscina a una cuadra de distancia de la casa.

Antes de irnos, caminé por esa magnífica sala de estar, subiendo una vez más las escaleras hasta el balcón del comedor. Me volví y, mirando hacia abajo, vi a mi marido de pie junto a la chimenea, pipa en mano, con una expresión de perfecta satisfacción en su rostro. Puse mis manos en la barandilla del balcón y lo observé por un momento.

Cuando regresamos a la oficina, los tres agentes estaban listos para irse, pero mi esposo los detuvo diciendo: "Hagámosle una oferta de todos modos. Tal vez ella dividirá la propiedad. ¿Qué podemos perder?" Uno de los agentes salió de la oficina sin decir una palabra. Otro dijo: "La idea es ridícula". Y el agente con el que hablamos originalmente, dijo: "Olvídenlo. Es un sueño imposible".

Mi esposo no se molesta fácilmente, pero cuando lo hace, no hay criatura más obstinada en la tierra. Y ahora él estaba molesto. Se sentó, golpeó su mano contra un escritorio y dijo: "Es su negocio presentar ofertas, ¿no es así?"

Ellos estuvieron de acuerdo en que esto era así y finalmente prometieron presentar nuestra oferta en la propiedad.

Nos fuimos y esa noche, en mi imaginación, me paré en el balcón del comedor y miré a mi esposo de pie junto a la chimenea. Él me miró y dijo: "Bueno, cariño, ¿te gusta nuestro nuevo hogar?"

"Me encanta", respondí.

Continué viendo esa hermosa habitación y a mi esposo en ella y "sentí" la barandilla del balcón agarrada en mis manos hasta que me dormí.

Al día siguiente, mientras cenábamos en la casa de mi madre, sonó el teléfono y el agente, con voz incrédula, me informó que acabábamos de comprar una casa. La propietaria había dividido la propiedad por la mitad,

dándonos la casa y el acre en el que se encontraba por el precio que ofrecimos».
—J.R.B.

*Los soñadores a menudo se recuestan en la cama despiertos, mientras sueñan cosas verdaderas.*

Uno debe adoptar ya sea el camino de la imaginación o el camino de los sentidos. No es posible permanecer neutral. "El que no está conmigo, está contra mí". Cuando el individuo se identifica plenamente con su imaginación y no con sus sentidos, ha descubierto la esencia de la realidad.

A menudo, los autodenominados "realistas" me han advertido que el individuo jamás realizará su sueño simplemente imaginando que ya se ha cumplido. Sin embargo, contrariamente a esa perspectiva, sostengo que sí puede realizar su sueño simplemente imaginando que ya se ha cumplido. Eso es exactamente lo que prueba esta colección de historias. Si las personas tan solo estuvieran preparadas para vivir imaginativamente en el sentimiento del deseo cumplido y avanzaran con confianza en su ensueño controlado, entonces el poder de la imaginación respondería a su audaz fantasía. El deseo realizado se manifestaría sorprendiéndolas.

Nada es más maravilloso que los eventos cotidianos que le ocurren a alguien con una imaginación lo suficientemente despierta como para reconocer sus prodigios. Observa tus actividades imaginarias. Imagina lo mejor posible y construye un mundo mejor para ti y para los demás. Vive como si tu deseo ya se hubiera cumplido, aunque aún no lo esté, y reducirás el tiempo de espera. El mundo es imaginario, no mecánico. No es el destino ciego el que determina el curso de la historia sino, los actos imaginativos.

# CAPÍTULO 3

# GIRA LA RUEDA HACIA ATRÁS

*Oh, deja que tu fuerte imaginación gire hacia atrás la*
*gran rueda, hasta que Troya quede sin quemar.*

*Toda la vida, a lo largo de los siglos, no es nada más*
*que la continua solución de un continuo problema*
*sintético.*
—H. G. Wells.

El estado perfectamente estable o estático es siempre inalcanzable. El fin alcanzado objetivamente siempre realiza más de lo que el individuo originalmente tenía en mente. A su vez, esto genera un nuevo conflicto interno que requiere soluciones innovadoras para continuar en el camino de la evolución creativa. "Su toque es infinito y da un lugar para todos los fines". Los eventos de hoy están destinados a perturbar el orden establecido de ayer. Una imaginación creativa y activa invariablemente perturba un estado previo de paz mental.

Puede surgir la pregunta: ¿Cómo podríamos cambiar los que parecen ser hechos inmutables del pasado, imaginando a los demás de una manera mejor de lo que realmente son, reescribiendo mentalmente una carta para adaptarla a nuestro deseo, o modificando la escena de un accidente o una entrevista con un empleador? Sin embargo, recuerda lo que digo sobre la imaginación: La imaginación crea la realidad. Lo que crea, puede deshacer. No solo es conservadora, construyendo una vida a partir de imágenes suministradas por la memoria, sino que también es creativa y transformadora, capaz de alterar un tema ya existente en el ser.

La parábola del mayordomo injusto nos da la respuesta a esta pregunta. Podemos modificar nuestra realidad mediante una cierta práctica imaginaria "ilegal"; mediante una falsificación mental de los hechos. Esto implica una modificación imaginaria intencional de lo que hemos experimentado. Todo esto se lleva a cabo en nuestra imaginación. Esta es una forma de falsificación que no solo no se condena, sino que es respaldada por las enseñanzas del evangelio. A través de tal falsificación, el individuo elimina las causas del mal y adquiere amigos. En la fuerza de esta revisión, a juzgar por los grandes elogios que el mayordomo injusto recibió de su maestro, demuestra que él merece confianza.

Ya que la imaginación crea la realidad, podemos llevar la revisión al extremo y modificar una escena que, de otro modo, sería inaceptable. Aprendemos a distinguir entre el individuo, que es pura imaginación, y los estados en los que puede encontrarse. El mayordomo injusto, al ver el sufrimiento de otro, se representará a sí mismo a ese otro de la forma en que quisiera verlo. Si él mismo estuviera en necesidad, entraría en su sueño, en su imaginación y visualizaría lo quisiera vería, cómo se verían las cosas y cómo actuaría la gente, las cosas como deberían ser. Luego, en este estado, se quedaría dormido, sintiendo lo que esperaría sentir en tal situación.

Ojalá todo el pueblo del Señor fuera un mayordomo injusto, falsificando mentalmente los hechos de la vida para liberar a las personas para siempre. Porque el cambio imaginario sigue adelante, hasta que el patrón modificado se alcanza. Nuestro futuro es nuestra actividad imaginativa en constante evolución. Imagina mejor que lo mejor que ya conoces.

Revisar el pasado es reconstruirlo con un nuevo contenido. Las personas deberían revivir diariamente el día como les hubiera gustado vivirlo, ajustando las escenas a sus ideales. Por ejemplo, supongamos que el correo de hoy trajo noticias desalentadoras. Revisa la carta. Mentalmente, reescríbela y ajústala a las noticias que desearías haber recibido. Luego, en tu imaginación, lee la carta revisada repetidamente. Al hacerlo, surgirá un sentimiento de naturalidad, y los actos imaginados se convertirán en hechos tan pronto como nos sentimos naturales en el acto.

Esta es la esencia de la revisión, y revisar es revocar. Y esto es precisamente lo que F.B. hizo:

«A finales de julio, me puse en contacto con un agente inmobiliario para vender un terreno que se había convertido en una carga financiera. La respuesta inicial del agente fue desalentadora, citando múltiples razones por las que las ventas en la zona estaban paralizadas y sugiriendo que tal situación podría extenderse hasta el próximo año.

Recibí su carta un martes, y en lugar de desanimarme, decidí reescribir mentalmente su respuesta con palabras que indicaban el entusiasmo del agente por tomar mi anuncio. Leí esta carta revisada una y otra vez, y extendí mi drama imaginario utilizando la técnica de los 'Cuatro Poderosos' de tu libro "Tiempo de Siembra y Cosecha", ejerciendo los roles del productor, autor, director y actor.

En mi escena imaginaria, como Productor sugerí el tema: 'El terreno es vendido obteniendo ganancias'.

En el papel de Autor, escribí esta escena que para mí implicaba el cumplimiento: De pie en la oficina de bienes raíces, extendía mi mano al agente, diciendo: "Gracias, señor", y él respondía: "Fue un placer hacer negocios con usted".

Luego, en la función de Director, ensayé yo mismo como actor hasta que la escena fue vívidamente real y sentí el alivio que sería mío si realmente me sacara esta carga.

Tres días después, el mismo agente, al que le escribí originalmente, me llamó por teléfono diciéndome que tenía un depósito para mi terreno al precio que yo había especificado. Al día siguiente firmé los papeles en su despacho, extendí mi mano y le dije: "Gracias, señor".

"Fue un placer hacer negocios con usted", respondió el agente.

Cinco días después de haber construido y representado una escena imaginaria, se convirtió en una realidad física y fue actuada palabra por palabra, tal como la había escuchado en mi imaginación. El sentimiento de alivio y alegría llegó, no tanto por vender la propiedad, sino por la prueba indiscutible de que funcionó mi drama imaginado» —F.B.

Si el objeto obtenido fuera todo, ¡qué inútil sería! Sin embargo, F.B. descubrió un poder en su interior capaz de crear conscientemente las circunstancias. Al falsificar mentalmente los hechos de la vida, el individuo pasa de una reacción pasiva a una creación activa. Esto rompe el ciclo de recurrencia y construye un futuro que se incrementa acumulativamente. Si no siempre crea en el sentido completo de la palabra, es porque no es fiel a su visión o porque piensa en lo que quiere en lugar de hacerlo desde su deseo cumplido.

El individuo es una síntesis tan extraordinaria, parcialmente atado por sus sentidos y parcialmente libre para soñar, lo que provoca que sus conflictos internos sean constantes. El estado de conflicto en el individuo se refleja en la sociedad.

La vida es una aventura romántica. Vivir creativamente, siempre imaginando soluciones novedosas a problemas cada vez más complejos, es mucho más noble que restringir o eliminar el deseo. Todo lo que se desea puede ser imaginado en existencia.

¿Quieres estar en un sueño y, al mismo tiempo, no dormir? Intenta revisar tu día todas las noches antes de dormirte. Intenta visualizar claramente y entrar en la escena revisada que representaría la solución imaginaria a tu problema. La estructura imaginaria revisada puede ejercer una gran influencia en otros, pero eso no es algo que te deba preocupar.

El "otro" influenciado en la siguiente historia se siente profundamente agradecido por dicha influencia. L.S.E. escribe:

«En agosto pasado, durante una cita a ciegas, conocí al hombre con el que deseaba casarme. A veces sucede eso, y en mi caso así fue. Era todo lo que había imaginado en un esposo. Sin embargo, dos días después de aquella encantadora tarde, tuve que cambiar mi lugar de residencia debido a razones laborales, y esa misma semana, el amigo en común que nos presentó se mudó de la ciudad. Me di cuenta de que el hombre que había conocido probablemente desconocía mi nueva dirección y, sinceramente, no estaba segura de que recordara mi nombre.

Después de asistir a tu última conferencia, compartí contigo esta situación. A pesar de haber tenido muchas otras citas, no podía sacar de mi mente a este hombre. Tu conferencia se basó en el tema de revisar nuestro día; y tras nuestra conversación, decidí hacer precisamente eso, revisar mi día, cada día. Antes de irme a dormir esa noche, me sentí acostada en una cama diferente, en mi propio hogar, como una mujer casada en lugar de ser una joven trabajadora compartiendo un departamento con otras tres chicas. Gire un anillo de boda imaginario en mi mano izquierda imaginaria, repitiendo una y otra vez: "¡Esto es maravilloso! ¡Realmente soy la señora J.E.!" y me dormí en lo que, un momento antes, era un sueño despierto.

Repetí esta escena imaginaria durante un mes, noche tras noche. La primera semana de octubre, él finalmente me "encontró". Durante nuestra segunda cita, supe que mis sueños estaban dispuestos correctamente. Según tus enseñanzas, debemos vivir en el cumplimiento de nuestro deseo hasta que ese deseo se convierta en "hecho". Aunque desconocía sus sentimientos hacia mí, continué noche tras noche viviendo en el sentimiento de mi sueño realizado.

¿El resultado? En noviembre, él me propuso matrimonio. Anunciamos nuestro compromiso en enero y en mayo celebramos nuestra boda. Sin embargo, la parte más hermosa de esta historia es que soy más feliz de lo que alguna vez había imaginado posible, y en mi corazón sé que él también lo es.»

—Sra. J.E.

Utilizando su imaginación de manera radical en lugar de hacerlo de manera conservadora, construyendo su mundo a partir de puros sueños de fantasía en lugar de utilizar imágenes proporcionadas por la memoria, ella logró materializar el cumplimiento de su sueño. El sentido común habría recurrido a imágenes suministradas por la memoria, perpetuando así la realidad de la carencia en su vida.

La imaginación creó lo que ella anhelaba desde un sueño de fantasía. Todos deben sumergirse por completo en el nivel de la imaginación, y esto debe hacerse de manera consciente y deliberada. Si nuestro tiempo de revisión se emplea sabiamente, no es necesario preocuparse por los resultados: nuestros anhelos más preciados se harán realidad.

> *¿Tierra, eres real? ¿Soy yo?*
> *¿En qué sueño existimos?*

No hay una permanencia inevitable en nada. Tanto el pasado como el presente continúan existiendo solo porque son sostenidos por la imaginación en algún nivel; y una transformación radical en la vida siempre es posible si se revisa la parte indeseable.

En su carta, el Sr. R.S. cuestiona este tema de influencia:

«Durante tu actual serie de conferencias, surgieron algunos problemas relacionados con la ejecución en uno de mis contratos de fideicomiso. La propiedad, la casa y el terreno estaban siendo descuidados y deteriorándose. Aparentemente, los propietarios estaban gastando su dinero en bares, mientras que sus dos niñas pequeñas, de nueve y once años, estaban notoriamente descuidadas. Sin embargo, dejando de lado las apariencias, comencé a revisar la situación.

En mi imaginación, llevé a mi esposa a la propiedad y, mientras recorríamos el lugar, le comenté: "¿No es hermoso el jardín? Está tan limpio y bien cuidado. Estas personas realmente muestran amor por su hogar. Este es un contrato de fideicomiso del que nunca tendremos que preocuparnos".

En mi imaginación, visualicé la casa y el terreno tal como quería verlos, un lugar tan encantador que me llenaba de una sensación cálida de placer. Cada vez que pensaba en esta propiedad, repetía mi escena imaginaria.

Después de practicar esta revisión durante un tiempo, la mujer que vivía en la casa sufrió un accidente automovilístico; mientras estaba en el hospital, su esposo desapareció. Los vecinos cuidaron de las niñas y yo planeaba visitar a la madre en el hospital para ofrecer ayuda si fuera necesario. Pero, ¿cómo podría hacerlo cuando mi escena imaginaria implicaba que ella y su familia eran felices, exitosos y evidentemente satisfechos? Por lo tanto, no hice más que seguir con mi revisión diaria.

Poco después, al ser dada de alta del hospital, la mujer y sus dos hijas también desaparecieron. Los pagos de la propiedad continuaron llegando y unos meses después ella regresó con un certificado de matrimonio y un nuevo esposo. En el momento que escribo esto, todos los pagos están al día. Las dos niñas parecen estar felices y bien cuidadas, y los propietarios incluso agregaron una habitación a la propiedad, lo que proporciona una mayor seguridad a nuestro contrato de fideicomiso.

Fue gratificante resolver mi problema sin amenazas, palabras desagradables, desalojos o preocupaciones por las niñas pequeñas. Sin embargo, ¿hubo algo en mi imaginación que llevó a esa mujer al hospital?»

—R.S.

Cualquier actividad imaginaria que adquiere intensidad a través de nuestra atención concentrada en la claridad del final deseado, tiende a expandirse hacia regiones más allá de nuestra situación actual. Sin embargo, debemos permitir que esta actividad imaginaria se ocupe de sí misma. Es sorprendentemente ingeniosa para adaptarse y ajustar los medios para lograr su realización. Cuando comenzamos a pensar en términos de influencia en lugar de la claridad del resultado deseado, el acto imaginativo se convierte en un esfuerzo de la voluntad, y el gran arte de la imaginación se transforma en tiranía.

En general, el pasado oculto yace más profundo de lo que nuestra mente superficial puede alcanzar. Pero afortunadamente para esta mujer, ella recordó y demostró que el pasado "hecho" también puede ser "deshecho" a través de la revisión:

«Durante treinta y nueve años había tenido problemas de espalda. El dolor aumentaba y disminuía, pero nunca desaparecía por completo. La situación había avanzado hasta el punto en que requería tratamiento médico casi constante; el médico ajustaba mi cadera correctamente por un momento, pero el dolor simplemente persistía. Una noche, te escuché hablar sobre la técnica de la revisión y me pregunté si sería posible aplicarla a una condición que llevaba casi cuarenta años afectándome. Recordé que cuando tenía tres o cuatro años, había caído de espaldas desde un columpio muy alto, lo cual me había causado una grave lesión en la cadera y me había enfermado gravemente en ese momento. Desde entonces, nunca había estado completamente libre de dolor y había gastado inútilmente grandes sumas de dinero en tratamientos médicos para aliviar mi condición.

Este año, durante el mes de agosto, el dolor se intensificó aún más, y una noche decidí ponerme a prueba y tratar de revisar ese 'antiguo' accidente que, la mayor parte de mi vida adulta, había sido la causa de tanta aflicción, tanto en términos de dolor como de costosos honorarios médicos. Pasaron varias noches antes de que pudiera "sentirme" de nuevo en la edad del juego infantil. Pero lo logré. Una noche, verdaderamente me transporté a ese columpio, sintiendo el viento mientras subía cada vez más alto. A medida que el columpio comenzaba a detenerse, salté hacia delante, pisando de manera segura y firme sobre mis pies. En la acción imaginaria, corrí hacia mi madre e insistí en que viniera a ver lo que podía hacer. Lo hice de nuevo, saltando desde el columpio y pisando con seguridad en mis dos pies. Repetí este acto imaginario una y otra vez hasta que me quedé dormida mientras lo hacía.

En dos días, el dolor en mi espalda y cadera comenzó a disminuir y en dos meses, el dolor desapareció por completo. Una condición que me había atormentado durante más de treinta y nueve años, y cuyo intento de curación me había costado una pequeña fortuna, ya no existía».

—L.H.

Nuestros mejores frutos se los debemos a las tijeras de podar de la revisión. El individuo y su pasado conforman una estructura continua. Esta estructura contiene todo el pasado que ha sido preservado y aún opera por debajo del umbral de sus sentidos para influir en el presente y el futuro de su vida. El todo lleva consigo todo su contenido; cualquier alteración del contenido dará como resultado una alteración en el presente y en el futuro. El primer acto de corrección o sanación es siempre "revisar". Si el pasado puede ser recreado en el presente, también puede ser revisado. Así, el pasado revisado se manifestó en el corazón mismo de su vida presente; no fue el destino, sino un pasado revisado lo que le trajo buena fortuna.

Pon a prueba la verdadera imaginación con los resultados y logros como prueba crucial. Así, tu confianza en el poder de la imaginación para dar forma a la realidad crecerá gradualmente a partir de tus experimentos de revisión respaldados por la experiencia. Solo a través de este proceso de experimentación puedes percibir el potencial y el poder de tu imaginación despierta y controlada.

> *"¿Cuánto le debes a mi amo?" Él dijo: "Cien barriles de aceite". Y le dijo: "Toma tu cuenta y enseguida siéntate y anota cincuenta".*
> *(Lucas 16:5-6)*

Esta parábola del mayordomo infiel nos insta a falsificar mentalmente los hechos de la vida, a modificar un escenario ya existente. Mediante tales falsificaciones, una persona "adquiere amigos". Al final de cada día, revisa mentalmente los hechos de tu vida y ajústalos para que se adapten a los acontecimientos dignos de recordar; mañana retomará el patrón alterado y avanzará hasta que al final se realice en las alturas del logro.

Los lectores notarán que vale la pena seguir estas indicaciones: la construcción imaginaria de escenas que implican el deseo cumplido y la participación imaginativa en estas escenas hasta alcanzar los tonos de realidad. Estamos tratando con el secreto de la imaginación, mediante el cual el individuo despierta en un mundo completamente sujeto a su poder imaginativo.

El individuo puede entender bastante bien la recurrencia de los eventos (la construcción de un mundo a partir de imágenes suministradas por la memoria); las cosas permanecen como son. Esto le brinda un sentido de seguridad en la estabilidad de las cosas. Sin embargo, la existencia dentro de él de un poder que puede despertar y convertirse en lo que desea, alterando radicalmente su forma, entorno y circunstancias de vida, le infunde un sentimiento de inseguridad, un temor profundo hacia el futuro.

Ha llegado el momento de despertar y poner fin a todas las creaciones desagradables del ser dormido. Revisa cada día. "Permite que tu poderosa imaginación haga girar la gran rueda hacia atrás hasta que Troya quede sin quemar".

# CAPÍTULO 4

# NO ES FICCIÓN

*La distinción entre lo que es real y lo que es imaginario*
*no es una que pueda mantenerse finalmente... todas las*
*cosas existentes, en un sentido inteligible, son*
*imaginarias.*
—John S. MacKenzie

No es ficción. Si una actividad imaginaria puede producir un efecto físico, nuestro mundo físico debe ser esencialmente imaginario. Para probar esto, simplemente necesitamos observar nuestras actividades imaginarias y ver si producen o no los efectos correspondientes en el mundo externo. Si lo hacen, entonces debemos concluir que no es ficción. El drama imaginario de hoy, la ficción, se convierte en el hecho del mañana.

Si tuviéramos esta visión más amplia de la causalidad, que la causalidad es mental, no física, que nuestros estados mentales son causantes de los efectos físicos, entonces nos daríamos cuenta de nuestra responsabilidad como creadores e imaginaríamos solo lo mejor.

La ficción, representada como una especie de obra de teatro en la mente, es lo que causa los hechos físicos de la vida. El individuo cree que la realidad reside en los objetos sólidos que ve a su alrededor; que el drama de la vida se origina en este mundo; que los eventos emergen repentinamente en la existencia a partir de hechos físicos previos. Sin embargo, la causalidad no reside en el mundo externo de los hechos. El drama de la vida tiene su origen en la imaginación del individuo. El verdadero acto de transformación tiene lugar dentro de su imaginación y no en el exterior.

Las siguientes historias podrían definir "causalidad" como el ensamblaje de estados mentales que, al producirse, crea lo que implica el ensamblaje.

El prólogo de "Una noche para recordar" de Walter Lord ilustra mi afirmación "Imaginar crea la realidad":

«En 1898, un esforzado autor, llamado Morgan Robertson, creó una novela sobre un fabuloso trasatlántico, mucho más grande que cualquier otro construido hasta ese momento. Robertson llenó su barco con gente rica y acomodada. Luego, en una fría noche de abril, lo hizo estrellarse con un iceberg. De alguna manera, esto mostraba la futilidad de todo, de hecho, el libro se llamó 'Futilidad' cuando fue publicado ese año por la editorial M. F. Mansfield.

Catorce años después, la compañía naviera británica White Star Line construyó un barco sorprendentemente similar al descrito en la novela de Robertson. El barco tenía 66,000 toneladas; el de Robertson tenía 70,000 toneladas. El barco real medía 269 metros de longitud; el de la ficción tenía 244 metros. Ambos podían llevar aproximadamente a tres mil personas, y ambos tenían botes salvavidas para solo una fracción de esa cifra. Sin embargo, en ese momento, esto parecía no importar, ya que ambos fueron proclamados como "insumergibles".

El 19 de abril de 1912, el barco real partió de Southampton en su viaje inaugural hacia Nueva York. Llevaba consigo una copia inestimable del Rubaiyat de Omar Jayam y una lista de pasajeros cuyo valor total ascendía a doscientos cincuenta millones de dólares. En su viaje, también chocó con un iceberg y se hundió en una fría noche de abril. Robertson había llamado a su barco Titán; White Star Line llamó al suyo "Titanic".

Si Morgan Robertson hubiera conocido el poder de la imaginación para dar forma a la realidad, y que lo que consideramos ficción hoy se convierte en el hecho de mañana, ¿habría escrito la novela Futilidad? Schopenhauer escribe: "En el momento de la trágica catástrofe, se vuelve más clara que nunca la convicción de que la vida es un mal sueño del que tenemos que despertar".

Y este mal sueño es causado por la actividad imaginaria de la humanidad dormida.

Las actividades imaginarias pueden estar alejadas de su manifestación y los eventos no observados son solo apariencias. Como se ve en esta tragedia, la causalidad está en otra parte en el espacio-tiempo. Lejos de la escena de la acción, invisible para todos, estaba la actividad imaginaria de Robertson, como un científico en una sala de control dirigiendo su misil guiado a través del espacio-tiempo.

*Quien pinta un cuadro,*
*escribe una obra de teatro*
*o un libro que otros leen,*
*mientras él duerme en su cama.*
*En el otro lado del mundo, cuando ellos miran*
*su página, el durmiente bien podría estar muerto;*
*¿Qué sabe él de su lejana y no percibida vida?*
*¿Qué sabe él de los pensamientos que sus pensamientos*
*están planteando?*
*La vida que su vida está dando, o la lucha.*
*En cuanto a él, ¿alguna cavilación, algún elogio?*
*Sin embargo, ¿cuál está más vivo,*
*él que está dormido,*
*O su rápido espíritu en algún otro lugar,*
*marcando otros lugares, manteniendo la atención fija y*
*durmiendo fuera del alcance de otros?*
*Cuál es "él", "él" que duerme, o "él"*
*que su propio "él" no puede ni sentir ni ver? ...*
—Samuel Butler.

Los escritores imaginativos no transmiten simplemente su visión del mundo, sino sus actitudes, que a su vez dan lugar a su visión. Poco antes de su muerte, Katherine Mansfield le dijo a su amiga Orage: "La vida tiene tantos aspectos como actitudes hacia ella, y los aspectos cambian con las actitudes. Si cambiamos nuestra actitud, no solo veremos la vida de manera diferente, sino que la vida misma se transformará. La vida adquiere un nuevo aspecto porque hemos experimentado un cambio de actitud. Percibir un nuevo patrón es lo que yo considero una actitud creativa hacia la vida".

William Blake escribió:

*En el sentido moderno de la palabra, los profetas nunca han existido. Jonás no fue un profeta en el sentido moderno, porque su profecía sobre Nínive no se cumplió. Cada individuo honesto es un profeta; expresa su opinión tanto sobre lo privado como lo público. Por lo tanto: si continúas en ese camino, el resultado será este. Nunca dice: "esto sucederá". Un profeta es un vidente, no un dictador arbitrario.*

La función del Profeta no es predecir lo inevitable, sino mostrar lo que puede ser construido a partir de las actividades imaginarias persistentes. El futuro es moldeado por las actividades imaginarias de la humanidad, en su marcha creativa, actividades que se pueden ver en "tus sueños y las visiones que has tenido en tu cama".

"Ojalá todo el pueblo del Señor fuera profeta" en el verdadero sentido de la palabra, como este bailarín que ahora, desde la cima de su ideal realizado, mira cumbres aún más altas que escalar. Después de leer esta historia, comprenderás por qué está tan seguro de que puede predestinar cualquier futuro material que desee, y por qué también está seguro de que otros le otorgan realidad a lo que, de otro modo, sería un simple producto de su imaginación. No puede existir nada fuera de la imaginación en algún nivel. Nada sigue existiendo a menos que la imaginación lo sostenga.

*La mente puede hacer sustancia y la gente planetas propios con seres más brillantes que nunca, y dar aliento a formas que pueden sobrevivir toda carne.*
—Lord G. Byron.

43

«Mi historia comienza a los diecinueve años. Era un instructor de baile moderadamente exitoso y me mantuve en ese estado durante casi cinco años. Al final de ese período, conocí a una joven que me instó a asistir a tus conferencias. Cuando escuché tus palabras "La imaginación crea la realidad" inicialmente me pareció ridículo. Sin embargo, acepté tu desafío y decidí refutar tu teoría. Compré tu libro "Fuera de este mundo" y lo leí muchas veces. Aunque no estaba convencido, me fijé una meta ambiciosa. En ese momento, trabajaba como instructor en el estudio de danza Arthur Murray y mi objetivo era obtener una franquicia y dirigir mi propio estudio de Arthur Murray.

Esto parecía lo más improbable del mundo, ya que las franquicias eran extremadamente difíciles de conseguir y, además, no contaba con los fondos necesarios para establecer un negocio de ese tipo. Sin embargo, asumí el sentimiento de mi deseo cumplido y noche tras noche, en mi imaginación, me dormía siendo el propietario de mi propio estudio.

Tres semanas después, recibí una llamada de un amigo en Reno, Nevada. Él tenía un estudio Murray allí y me propuso asociarnos, ya que enfrentaba dificultades para gestionarlo solo. Acepté emocionado; de hecho, tan emocionado que tomé prestado dinero y me mudé rápidamente a Reno, olvidando completamente tu historia sobre la imaginación.

Mi compañero y yo trabajamos arduamente y logramos un gran éxito. Sin embargo, después de un año, mi ambición seguía insatisfecha, deseaba más. Comencé a explorar formas y medios para obtener otro estudio. Todos mis esfuerzos fracasaron.

En una noche en la que me encontraba inquieto antes de dormir, decidí leer para distraerme. Mi vista recayó sobre tu delgado libro, "Fuera de este mundo". Recordé el 'absurdo disparate' que había escuchado un año antes de conseguir mi propio estudio. ¡Conseguir mi propio estudio! ¡Las palabras resonaron en mi mente como una descarga eléctrica! Esa noche leí nuevamente el libro y luego, en mi imaginación, escuché a mi superior elogiando nuestro trabajo en Reno y sugiriendo que adquiriéramos un segundo estudio, ya que había una ubicación lista para nosotros si deseábamos expandirnos. Repetí esta escena imaginaria noche tras noche sin excepción. Tres semanas después de haber comenzado mi drama imaginario, lo que había visualizado se materializó, casi palabra por palabra. Mi socio aceptó la oferta para abrir un nuevo estudio en Bakersfield y yo quedé a cargo del estudio de Reno. Ahora estaba convencido de la verdad de tu enseñanza y nunca más la olvidaré.

Deseaba compartir este asombroso conocimiento sobre el poder de la imaginación con mi equipo. Intenté transmitirles las maravillas que podían lograr, pero muchos no parecían captar el mensaje. A pesar de ello, un incidente extraordinario surgió de mis esfuerzos por comunicar esta historia. Un joven profesor expresó que creía en mi historia, pero que probablemente con el tiempo habría ocurrido de todos modos. Insistió en que toda la teoría era absurda, pero añadió que estaría dispuesto a creer si yo le contara algo increíble que realmente sucediera y del cual él pudiera ser testigo. Acepté su desafío y concebí una prueba verdaderamente fantástica.

Mi estudio en Reno era uno de los más pequeños en el sistema Murray, debido a la limitada población de la ciudad. Existen más de trescientos estudios Murray en todo el país, ubicados en ciudades mucho más grandes, por lo tanto, proporcionan mayores posibilidades de rentabilidad. Así que mi prueba fue la siguiente: le dije al profesor que en los próximos tres meses, durante una convención nacional de danza, el pequeño Estudio de Reno sería el tema principal de conversación. Con calma, él respondió que eso era prácticamente imposible.

Esa noche, cuando me acosté, me sentí a mí mismo frente a una audiencia tremenda. Hablaba sobre la "Imaginación creativa" y podía sentir el nerviosismo de estar ante una vasta audiencia, pero también sentía la maravillosa sensación de aceptación de la audiencia. Escuché el estruendo de aplausos y cuando salí del escenario, vi al Sr. Murray acercarse y estrechar mi mano. Repetí todo este drama noche tras noche. Comenzó a tomar 'tonos de realidad' y supe que ¡lo había logrado nuevamente! Mi drama imaginario se materializó hasta el último detalle.

Mi pequeño estudio de Reno fue el 'tema' de la convención y aparecí en ese escenario tal como lo había hecho en mi imaginación. Pero, incluso después de este increíble suceso, el joven profesor que me había desafiado aún no estaba completamente convencido.

Afirmó que todo había ocurrido de manera natural y que estaba seguro de que habría sucedido de todos modos.

No me preocupó su actitud, ya que su desafío me había brindado otra oportunidad para demostrar, al menos para mí mismo, que la imaginación realmente crea la realidad. A partir de ese momento, persistí en mi deseo de convertirme en el dueño del estudio de danza Arthur Murray más grande del mundo. Noche tras noche, en mi imaginación, escuché cómo aceptaba la oportunidad de adquirir la franquicia de un estudio en una gran ciudad. Pasadas tres semanas, recibí una llamada del Sr. Murray quien me ofreció un estudio en una ciudad con una población de un millón y medio de personas. Ahora mi objetivo es convertir mi estudio en el más grande y espectacular de todo el sistema. Y, por supuesto, tengo plena certeza de que se materializará, gracias a mi imaginación».

—E.O.L. Jr.

Douglas Fawcett escribe:

La imaginación puede ser difícil de captar, siendo movediza se desvanece en cada una de sus transformaciones, desplegando así su magia transformadora.

Debemos mirar más allá del hecho físico hacia la imaginación que lo ha causado.

Durante un año, E.O.L. Jr. se perdió en su metamorfosis, afortunadamente, recordó 'el absurdo disparate' que había escuchado antes de adquirir su propio estudio y leer nuevamente el libro.

En el nivel humano, los actos imaginarios necesitan un cierto intervalo de tiempo para desarrollarse, pero los actos imaginarios, ya sean que se hayan plasmado en palabras impresas o se hayan conservado en el corazón de un ermitaño, con el tiempo se materializarán. Ponte a prueba, aunque sea por simple curiosidad. Descubrirás que el "Profeta" es tu propia imaginación y sabrás que "no es ficción".

*Nunca estaremos seguros de que no fue una mujer pisando en el lagar quien comenzó ese sutil cambio en la mente de los hombres ... O que la pasión, por la cual tantos países fueron entregados a la espada, no comenzaron en la mente de algún pastor, iluminando sus ojos por un momento antes de que corriera en su camino.*
—William Butler Yeats.

No es ficción. La imaginación se manifiesta en lo que se convierte nuestra vida. "Y se los he dicho ahora, antes de que suceda, para que cuando suceda, puedan creer".

Los griegos estaban en lo correcto: "Los dioses han descendido a nosotros en forma de hombres". Sin embargo, han caído en un sueño y no son conscientes del poder que ejercen sus actividades imaginativas. "Los sueños de los dioses son reales, y su placer fluye suavemente en un largo sueño inmortal".

E.B., una autora, es plenamente consciente de que "la ficción de hoy puede convertirse en un hecho del mañana". En esta carta, ella escribe:

«Una primavera, terminé de escribir una novela, la vendí y la olvidé. Pasaron muchos meses antes de que me sentara y comparara sorprendida algunos "hechos" en mi ficción con algunos "hechos" en mi vida. Permíteme presentarte un breve resumen de la historia que escribí. Luego, compara con mi experiencia personal.

La heroína de mi historia emprendió un viaje de vacaciones a Vermont. Concretamente, viajó a la pequeña ciudad de Stowe, Vermont. Al llegar a su destino, se encontró con un comportamiento desagradable por parte de su acompañante, lo que la llevó a enfrentarse a una decisión: continuar con su patrón de vida de permitir que las demandas egoístas de otra persona la dominaran, o romper ese patrón y alejarse. Ella optó por romperlo y regresó a Nueva York. Tras su regreso, la historia continúa, los eventos se desarrollan y culminan en una propuesta de matrimonio que ella acepta felizmente.

En lo que respecta a mi parte en esta historia... a medida que los pequeños acontecimientos se desplegaban, empecé a recordar las palabras que había escrito con mi propio lápiz y la relación significativa que tenía. Esto es lo que me sucedió:

Recibí una invitación de una amiga, quien me ofreció unas vacaciones en su casa de verano en Vermont. Yo acepté y, al principio, no me sorprendí al descubrir que su casa de verano estaba ubicada en la ciudad de Stowe. Sin embargo, cuando llegué, me di cuenta de que mi amiga estaba en un estado nervioso. Comprendí que tenía dos opciones: pasar un verano miserable o marcharme. A lo largo de mi vida, nunca había sido lo suficientemente fuerte como para ignorar lo que consideraba las demandas del deber y la amistad, pero esta vez lo hice. Sin ninguna

ceremonia, regresé a Nueva York. Pocos días después de mi regreso, recibí también una propuesta de matrimonio. Sin embargo, aquí es donde la realidad y la ficción divergieron. Rechacé la propuesta. Yo sé, Neville, no existe tal cosa como la ficción»
—E.B.

Olvidadiza es la tierra verde, solo los dioses recuerdan eternamente ... Por sus grandes memorias son conocidos los dioses.

Los fines corren fieles a sus orígenes imaginarios, cosechamos el fruto de un tiempo de florecimiento olvidado. En la vida, los eventos no siempre surgen donde hemos esparcido la semilla; así que puede que no reconozcamos nuestra propia cosecha. Los acontecimientos son la aparición de una actividad imaginaria oculta. La gente es libre de imaginar lo que desee. Por eso, a pesar de todos los fatalistas y los errados profetas de calamidades, todas las personas despiertas saben que son libres. Ellas saben que están creando la realidad. ¿Hay un pasaje bíblico para apoyar esta afirmación? Sí:

*"Tal como nos lo había interpretado, así sucedió"*
*(Génesis 41:13).*

W. B. Yeats debe haber descubierto que "no es ficción" porque, después de describir algunas de sus experiencias en el uso consciente de la imaginación, escribe:

*Si todos los que han descrito acontecimientos como este no han soñado, deberíamos reescribir nuestras historias, ya que todas las personas, ciertamente todas las imaginativas, deben estar siempre lanzando encantamientos, espejismos, ilusiones; y todas las personas, especialmente las pasivas, quienes no tienen una vida egotista poderosa deben pasar continuamente bajo su poder. Nuestros pensamientos más elaborados, propósitos elaborados, emociones precisas, a menudo, como yo pienso, no son realmente nuestros, sino que han subido repentinamente, por así decirlo, desde el infierno o han bajado desde el cielo.*

"No es ficción". Imagina mejor que lo mejor que sabes.

51

# CAPÍTULO 5

# HILOS SUTILES

*Todo lo que contemplas, aunque parezca afuera, está
dentro, en tu imaginación, de la cual este mundo de
mortalidad no es más que una sombra.*
—Blake.

Nada aparece o continúa existiendo por un poder
propio. Los eventos suceden porque actividades
imaginarias comparativamente estables las crearon y
continúan existiendo gracias al respaldo que reciben de
dichas actividades imaginarias. En esta serie de historias,
se pone de manifiesto el papel que desempeña la
imaginación del deseo cumplido en la consciente creación
de circunstancias. Observarás cómo la narración de una
historia acerca del exitoso uso de la imaginación puede
actuar como estímulo y desafío para que otros lo
"prueben" y "vean".

Una noche, uno de los caballeros presentes en mi
audiencia se levantó y manifestó que no tenía preguntas
que hacer, sino que deseaba compartir algo conmigo. Esta
fue su historia:

«Cuando dejó las Fuerzas Armadas después de la Segunda Guerra Mundial, consiguió un empleo que le proporcionaba un salario de veinticinco dólares a la semana. Tras diez años, estaba ganando seiscientos dólares al mes. En ese momento, adquirió mi libro "Imaginación Despierta" y leyó el capítulo titulado 'Las Tijeras de Podar de la Revisión'. A través de la práctica diaria de la 'Revisión', tal como se describe allí, logró comunicar a mi audiencia, dos años después, que sus ingresos eran equivalentes a los del presidente de los Estados Unidos».

Entre los presentes en mi audiencia había un hombre que, según su confesión, se encontraba en bancarrota. Había leído el mismo libro, pero de pronto se dio cuenta de que no había aprovechado su imaginación para resolver su problema financiero. Decidió que intentaría imaginarse a sí mismo como el ganador del pozo 5-10 en el hipódromo de Caliente. Esto es lo que expresó:

«En este grupo, uno intenta seleccionar a los ganadores de la quinta a la décima carrera. Entonces, esto fue lo que hice: en mi imaginación, clasifiqué mis boletos y sentí que tenía a cada uno de los seis ganadores. Representé esta escena una y otra vez en mi mente, hasta que realmente sentí la "piel de gallina". Entonces 'vi' al cajero dándome una gran suma de dinero que guardé bajo mi camisa imaginaria. Ese fue todo mi drama imaginario; y durante tres semanas, noche tras noche, recreé esta escena y me dormí en la acción.

Después de tres semanas, viajé físicamente al hipódromo de Caliente, y ese día cada detalle de mi juego imaginativo se hizo realidad. El único cambio en la escena fue que el cajero me dio un cheque por un total de ochenta y cuatro mil dólares, en lugar de dinero en efectivo»

—T.K.

Después de mi conferencia, la noche en que se compartió esta historia, un hombre del público me preguntó si yo creía posible que él pudiera replicar la experiencia de T.K. Le respondí que él mismo debía decidir las circunstancias de su escena imaginaria. Sin embargo, independientemente de la escena que eligiera, debía crear un drama que resonara naturalmente con su ser y visualizar el desenlace con intensidad, infundiendo todo el sentimiento que pudiera convocar. No debía esforzarse por los medios hacia el fin, sino vivir imaginativamente el sentimiento del deseo cumplido. Un mes más tarde, me presentó un cheque por dieciséis mil dólares que había ganado en otro sorteo 5-10 en el mismo hipódromo de días anteriores. Este hombre experimentó una interesante repetición de la buena fortuna de T.K.

Con su primer triunfo, logró superar sus dificultades financieras inmediatas, no obstante, quería más dinero para la seguridad futura de su familia. Además, y aún más importante para él, deseaba demostrar que esto no había sido una "casualidad". Razonó que si su buena suerte pudiera manifestarse por segunda vez consecutiva, la llamada "ley de porcentajes" daría paso a la comprobación de que sus estructuras imaginarias estaban realmente generando esta asombrosa "realidad". Por lo tanto, decidió poner a prueba su imaginación nuevamente. Continúa su relato:

«Yo anhelaba tener una cuenta bancaria significativa, lo cual para mí se traducía en 'ver' un gran saldo en mi estado de cuenta. Así que, en mi imaginación, diseñé una escena que me llevaba a dos bancos. En cada uno, visualizaba una sonrisa agradecida en el rostro del gerente al entrar al establecimiento y escuchaba un saludo cordial del cajero. Pedía ver mi estado de cuenta. En un banco, 'veía' un saldo de diez mil dólares, mientras que en el otro, 'veía' un saldo de quince mil dólares.

Pero mi escena imaginaria no terminó allí. Inmediatamente después de visualizar mis saldos bancarios, dirigía mi atención a mi sistema de apuestas de carreras de caballos. A través de una progresión de diez pasos, aumentaba mis ganancias a 11.533 dólares, partiendo de un capital inicial de doscientos dólares. Dividía las ganancias en doce montones sobre mi escritorio. Contando el dinero con mis manos imaginarias, colocaba mil dólares en cada uno de los once montones y los restantes quinientos treinta y tres dólares en el último montón. De este modo, mi balance imaginario ascendía a 36.533 dólares, incluyendo mis saldos bancarios.

Recreaba esta escena imaginativa cada mañana, tarde y noche durante menos de un mes, y el día dos de marzo regresé al hipódromo de Caliente. Realicé mis apuestas, pero de manera curiosa y sin saber por qué, dupliqué seis boletos adicionales exactamente iguales a los seis ya hechos. Sin embargo, en la décima selección cometí un 'error' y dupliqué dos boletos. Al anunciarse los ganadores, resultó que había obtenido dos de ellos, con un pago de 16.423 dólares cada uno. También tenía seis boletos de consolación, cada uno pagando 656 dólares. La suma total combinada ascendió a 36.788 dólares. Mi saldo imaginario, un mes atrás, había sido de 36.533 dólares. Dos aspectos especialmente notables para mí fueron que, aparentemente por accidente, había marcado dos boletos ganadores de manera idéntica y también que al concluir la novena carrera (una de las principales ganadoras), el entrenador intentó retirar al caballo, pero los administradores rechazaron su solicitud»

—A.J.F.

Cuán sutiles fueron los hilos que lo llevaron a su objetivo. Los resultados deben dar testimonio de nuestra imaginación o, de lo contrario, en realidad no estamos imaginando el final en absoluto. A.J.F. fielmente imaginó el final, y todas las circunstancias colaboraron para favorecer su cosecha. Su "error" al duplicar un boleto ganador y la negativa del administrador a la solicitud del entrenador fueron sucesos engendrados por el drama imaginativo para llevar adelante el plan de los acontecimientos hacia su meta.

Belfort Bax expresó:

El azar puede definirse como ese elemento en el cambio de realidad, es decir, en la fluida síntesis de eventos que es irreducible a la ley o la categoría causal.

Para vivir con sabiduría, debemos ser conscientes de nuestras actividades imaginativas o, al menos, del propósito hacia el que apuntan. Debemos asegurarnos de que sea el fin que deseamos. La imaginación sabia se alinea únicamente con aquellas actividades que son valiosas o que prometen el bienestar.

Aunque pueda parecer que estamos interactuando con un mundo material, en verdad estamos viviendo en un mundo de imaginación. Cuando llegamos a comprender que no es el mundo físico de los hechos el que da forma a nuestra vida, sino más bien las actividades imaginativas, entonces el mundo físico deja de ser la realidad, y el mundo de la imaginación deja de ser un simple sueño.

*¿Zigzaguea el camino cuesta arriba todo el trayecto?*
*Sí, hasta el último tramo.*
*¿El viaje se prolongará durante todo el día?*
*Desde el amanecer hasta la noche, mi amigo".*
—Christina Georgina Rossetti, "Cuesta Arriba".

# CAPÍTULO 6

# FANTASÍA VISIONARIA

*La naturaleza de la fantasía visionaria o la imaginación, es ampliamente desconocida, y la naturaleza externa y la permanencia de sus imágenes siempre existentes es considerada menos permanente que las cosas de naturaleza vegetativa y generativa. No obstante, el roble se extingue al igual que la lechuga, pero su eterna imagen e individualidad nunca mueren, sino que se renuevan a través de su semilla; de manera similar, la imagen imaginativa retorna por la semilla del Pensamiento Contemplativo.*
—Blake.

Las imágenes creadas por nuestra imaginación son las realidades de las cuales cualquier manifestación física es simplemente la sombra. Si somos fieles a nuestra visión, la imagen misma dará origen a la única manifestación física que tiene el derecho de materializarse. Hablamos de la 'realidad' de algo cuando nos referimos a su sustancia material. Eso es exactamente lo que un imaginador quiere decir por su 'irrealidad' o sombra.

Imaginar constituye una sensación espiritual. Entra en el sentimiento de tu deseo cumplido. A través de la sensación espiritual, utilizando los sentidos imaginarios de la vista, el sonido, el olfato, el sabor y el tacto, dotarás a tu imagen de la vivacidad sensorial necesaria para que se manifieste en tu mundo externo o mundo de sombras.

Aquí está la historia de alguien que fue fiel a su visión. F.B. siendo un verdadero imaginador, recordó lo que había oído en su imaginación y lo relata de la siguiente manera:

«Un amigo que conoce mi apasionada afición por la ópera intentó conseguir para mí, en Navidad, la grabación completa de Tristán e Isolda, interpretada por Kirsten Flagstad. En más de una docena de tiendas de discos, se encontró con la misma respuesta: "RCA Víctor no está reeditando esta grabación y no ha habido copias disponibles desde junio".

El 27 de diciembre, decidí poner a prueba tu principio una vez más, con la firme intención de obtener el álbum que anhelaba. Recostado en mi sala de estar, mentalmente entré en una tienda de discos que frecuento y le pregunté al vendedor, cuya cara y voz puedo evocar:

"¿Tiene usted la grabación completa de Isolda de Flagstad?"

"Sí, la tengo", me respondió.

Esa escena concluyó y la repetí hasta que fue 'real' para mí.

Esa misma tarde, me dirigí a esa tienda de discos para recrear físicamente la escena. Ningún detalle captado por mis sentidos me sugería que pudiera salir de la tienda con esos discos. El pasado mes de septiembre, el mismo vendedor, en esa misma tienda, me había contado la misma historia que había mencionado mi amigo antes de Navidad.

Acercándome al vendedor que había visualizado esa mañana en mi imaginación, dije:

"¿Tiene la grabación completa de Isolda de Flagstad?"

"No, no la tenemos", respondió.

Sin pronunciar palabra audible para él, en mi interior afirmé: "¡Eso no es lo que te oí decir!".

Al darme la vuelta para marcharme, noté en un estante superior lo que me pareció un anuncio de esta serie de discos, y le comenté al vendedor:

"Si no tiene el producto, no debería promocionarlo".

"Tiene razón", respondió.

Cuando se acercó para retirar el anuncio, descubrió que era un álbum completo, con los cinco discos.

Aunque la escena no se desplegó exactamente como la había construido, el resultado confirmó lo que implicaba mi escena imaginaria. ¿Cómo poder expresar mi gratitud?»

—F.B.


Después de leer la carta de F.B., coincidiremos con Anthony Eden en que: "Una asunción, aunque falsa, si se persiste se materializará en un hecho".

La fantasía de F.B. fusionándose con el campo de los sentidos de la tienda de discos, enriqueció sus aspectos y los hizo sentir como propios: lo que percibió. Nuestro futuro es nuestra imaginación en su marcha creativa. F.B. empleó su imaginación con un propósito consciente al representar la vida tal como la deseaba, ejerciendo así una influencia sobre la vida en lugar de meramente reflejarla. Tan seguro estaba de que su escena imaginaria era la realidad y que el acto físico solo era una sombra, que cuando el vendedor respondió "No, no lo tenemos", F.B. en su mente replicó: "¡Eso no es lo que te oí decir!" No solo recordó lo que había escuchado, sino que lo seguía recordando. Imaginar el deseo cumplido es la búsqueda que encuentra, la petición que recibe, la llamada a la cual se le abre. Él vio y oyó lo que deseaba ver y oír; y no aceptaría un "No, no lo tenemos" por respuesta.

El imaginador sueña mientras está despierto. No es el sirviente de su visión, sino el maestro de la dirección de su atención. La constancia imaginativa controla la percepción de los acontecimientos en el espacio-tiempo. Desafortunadamente, la mayoría de las personas son...

Siempre cambiante, como un ojo sin alegría que no encuentra ningún objeto digno de su constancia.

La Sra. G.R., también había escuchado imaginativamente lo que deseaba escuchar físicamente, y sabía que el mundo externo debía confirmar esa realidad. Esta es su historia:

«Hace un tiempo pusimos a la venta nuestra casa, un paso necesario para adquirir una propiedad más grande en la que habíamos colocado un depósito. Si bien varias personas estaban dispuestas a comprar nuestra casa de inmediato, nos vimos en la obligación de explicar que no podíamos cerrar ningún trato hasta estar seguros de si nuestra oferta por la propiedad deseada había sido aceptada o no.

En ese momento, un agente inmobiliario nos contactó y literalmente nos suplicó permitirle mostrar nuestra casa a un cliente suyo, quien tenía un interés ferviente por esta ubicación y estaba dispuesto a pagar aún más de lo que pedíamos. Explicamos nuestra situación tanto al agente como a su cliente; ambos afirmaron que estaban dispuestos a esperar hasta que resolviéramos nuestro otro trato. El agente nos solicitó que firmáramos un documento que, según él, no nos ataría de ninguna manera, pero le otorgaría la primera opción en caso de concretarse nuestro otro trato. Accedimos a firmar dicho documento, y posteriormente nos enteramos de que, según las leyes de bienes raíces de California, no podíamos haber quedado más atados. Unos días después, nuestra oferta por la nueva propiedad fracasó, así que notificamos al agente y su respuesta verbal fue: "Bueno, olvídenlo". Sin embargo, dos semanas después, el agente presentó una demanda contra nosotros por una comisión de mil quinientos dólares. Se estableció la fecha para el juicio, y solicitamos un juicio con jurado.

Nuestro abogado nos aseguró que haría lo que estuviera a su alcance, pero que la ley en torno a este asunto en particular era tan rigurosa que no veía posibilidad alguna de que ganáramos el caso. Cuando llegó la hora del juicio, mi esposo se encontraba en el hospital y no pudo estar presente para defender nuestro caso. Nosotros carecíamos de testigos, mientras que el agente llevó a la corte tres abogados y una serie de testigos contra nosotros. Nuestro abogado me comunicó que ahora no teníamos ni la menor posibilidad de ganar.

En ese momento, recurrí a mi imaginación y lo que hice fue lo siguiente: Ignorando por completo todo lo que decían los abogados, testigos y el juez, que parecían favorecer al demandante, me centré únicamente en las palabras que deseaba escuchar. En mi imaginación, presté atención y escuché al presidente del jurado pronunciar: "Encontramos al acusado, no culpable". Escuché hasta que supe que era verdad. Cerré el oído de mi mente a todo lo que se decía en esa sala y solo escuché esas palabras: "¡Encontramos al acusado, no culpable!"

El jurado deliberó desde el receso del mediodía hasta las cuatro y media de la tarde, y durante todas esas horas, permanecí en la sala del tribunal, y escuché esas palabras una y otra vez en mi imaginación. Cuando los jurados regresaron, el juez le pidió al presidente del jurado que se levantara y diera su veredicto. El presidente se levantó y dijo: "Encontramos al acusado, no culpable"»

—Sra. G.R.


"Si hubiera sueños para vender, ¿qué comprarías?" ¿No comprarías tu deseo cumplido? Tus sueños no tienen precio ni dinero. Al encerrar al jurado dentro de su imaginación, escuchando solo lo que deseaba escuchar, convocó a la unanimidad a su favor. La imaginación, siendo la realidad de todo lo que existe, permitió a la señora lograr su deseo cumplido.

La afirmación de Hebbel de que "el poeta crea desde la contemplación" también es válida para los imaginadores. Ellos saben cómo emplear sus fantasías audiovisuales para dar forma a la realidad. Nada resulta tan perjudicial como el conformismo. No debemos permitir que la férrea fijación en los hechos nos constriña. Cambia la imagen, y así cambias el hecho. R.O. utilizaba el arte de ver y sentir para plasmar su visión en la imaginación:

«Hace un año, llevé a mis hijos a Europa y dejé mi apartamento amueblado bajo el cuidado de mi criada. Al regresar a los Estados Unidos unos meses después, descubrí que mi criada y todos mis muebles habían desaparecido. El administrador del edificio afirmó que la criada había movido mis muebles "por mi solicitud".

En ese momento, no había nada que pudiera hacer, así que nos fuimos con mis hijos a un hotel. Por supuesto, reporté el incidente a la policía y también contraté detectives privados para investigar el caso. Ambas entidades revisaron cada compañía de mudanzas y cada bodega en Nueva York, sin éxito. No había rastro alguno de mis muebles ni de mi criada.

Habiendo agotado todas las fuentes externas, recordé tus enseñanzas y decidí emplear mi imaginación en este asunto. Así que, sentada en mi habitación de hotel, cerré los ojos y me vi en mi propio apartamento, sentada en mi silla favorita, rodeada de todos mis muebles personales. Miré al otro lado de la sala, hacia el piano, donde solía tener fotos de mis hijos. Continué mirando el piano hasta que toda la sala se volvió vívidamente real para mí. Podía ver las fotos de mis hijos y realmente sentir la textura del tapizado de la silla en la cual, en mi imaginación, me encontraba sentada.

Al día siguiente, cuando salí del banco, giré para dirigirme hacia mi apartamento vacío en lugar de ir al hotel. Al llegar a la esquina, me di cuenta de mi 'error' y estaba a punto de dar la vuelta cuando noté unos tobillos muy familiares. Efectivamente, eran los tobillos de mi criada. Me acerqué a ella y la tomé del brazo. Estaba algo asustada, pero le aseguré que solo quería recuperar mis muebles. Llamé a un taxi y nos llevó al lugar donde sus amigos tenían almacenados mis muebles. En un solo día, mi imaginación encontró lo que toda una fuerza policial en la gran ciudad y los investigadores privados no habían logrado hallar en semanas».

—R.O.

Esta señora conocía el secreto de la imaginación antes de recurrir a la policía, pero la importancia de la imaginación fue eclipsada debido a que la atención se centró en los hechos. A pesar de ello, aquello que la razón no pudo hallar por medio de la fuerza, la imaginación lo encontró sin dificultad. Nada simplemente continúa, incluida la sensación de pérdida, sin el respaldo de la imaginación. Al imaginar que se encontraba sentada en su propia silla, en su propio salón, rodeada por todos sus muebles, retiró el soporte imaginario que había concedido a su sensación de pérdida y, a través de este cambio imaginativo, recuperó sus muebles perdidos y restauró su hogar. Tu imaginación es más creativa cuando imaginas las cosas como deseas que sean, construyendo una nueva experiencia a partir de un sueño de fantasía.

Para construir tal sueño de fantasía en su imaginación, F.G. empleó todos sus sentidos: la vista, el sonido, el tacto, el olfato e incluso el sabor. Esta es su historia:

«Desde niño, he soñado con visitar lugares lejanos. Las Indias Occidentales, en particular, avivaban mi fantasía y me deleitaba en la sensación de estar realmente allí. Los sueños son maravillosamente económicos, y en la adultez, continué soñando mis sueños, ya que carecía tanto de dinero como de tiempo para convertirlos en realidad.

El año pasado, tuve que ser hospitalizado para someterme a una cirugía. Había escuchado tus enseñanzas y, mientras me recuperaba, decidí intensificar mi sueño favorito, aprovechando el tiempo libre que tenía. De hecho, escribí a la línea de Barcos 'Alcoa' solicitando folletos gratuitos de viaje, y los estudié minuciosamente, hora tras hora, eligiendo el barco, la cabina y los siete puertos que más anhelaba visitar. Cerraba los ojos y, en mi imaginación, avanzaba por la pasarela del barco, sintiendo el balanceo del agua mientras el imponente navío se abría paso en el océano. Escuchaba el sonido de las olas chocando contra los costados del barco; percibía el cálido resplandor del sol tropical en mi rostro; inhalaba y saboreaba la salinidad del aire mientras todos navegábamos por las aguas azules. Durante una semana entera, confinado en una cama de hospital, viví la alegre y gratuita experiencia de estar verdaderamente en ese barco.

El día antes de mi salida del hospital, guardé los folletos coloridos y los olvidé por completo. Pasaron dos meses y luego recibí un telegrama de una agencia de publicidad anunciando que había ganado un concurso. Recordé haber depositado un cupón de concurso unos meses atrás en un supermercado cercano, aunque había olvidado completamente el acto. Resultó que había ganado el primer premio y, para sorpresa mía, el premio incluía un crucero por el Caribe patrocinado por la línea de barcos 'Alcoa'. Pero la sorpresa no terminó ahí. Me asignaron el mismo camarote en el que había vivido imaginativamente mientras estaba confinado en la cama de hospital. Y para hacer una historia increíble, aún más increíble, tuve la oportunidad de viajar en el barco que había elegido, y no solo eso, sino que el barco hizo escala en los siete puertos que había deseado visitar».

—F.G.

Viajar es un privilegio no solo de los ricos, sino de los que tienen la capacidad de imaginar.

# CAPÍTULO 7

# ESTADO DE ÁNIMO

*Vivimos en una época en la que el estado de ánimo
determina el destino de las personas en lugar de que el
destino determine el estado de ánimo.*
—Sir Winston Churchill.

Las personas a menudo consideran sus estados de ánimo como efectos en lugar de verlos como causas. Los estados de ánimo actúan como actividades imaginarias que son esenciales para cualquier forma de creación. Afirmamos sentirnos felices porque hemos alcanzado nuestras metas, pero no siempre reconocemos que este proceso también funciona en sentido contrario: logramos nuestras metas al asumir el feliz sentimiento del deseo cumplido.

Los estados de ánimo no se limitan únicamente a ser resultado de las circunstancias de nuestras vidas; también desempeñan un papel crucial en la creación de esas circunstancias.

En "La Psicología de las Emociones", el profesor Ribot, escribe:

*Una idea que se mantiene solo como una idea, no produce nada y no hace nada. Solamente actúa cuando va acompañada de un estado efectivo, cuando despierta tendencias, es decir, elementos motores.*

La protagonista de la siguiente historia sintió exitosamente el sentimiento de su deseo cumplido, hizo de su estado de ánimo el carácter de la noche, cristalizado en un encantador sueño.

«La mayoría de nosotros disfrutamos la lectura de cuentos de hadas, aunque reconocemos que las narrativas sobre riquezas inverosímiles y buena fortuna son para el deleite de los más jóvenes. Pero, ¿es esto realmente así?

Quiero compartir algo increíblemente maravilloso que me sucedió por el poder de mi imaginación, y te aclaro que no soy precisamente "joven" en términos de edad. Vivimos en una época que no cree en fábulas ni en magia, sin embargo, todo lo que posiblemente podría desear en mis sueños más increíbles, me fue dado por el simple uso de lo que tú enseñas: que la imaginación crea la realidad y que el sentimiento es el secreto de la imaginación.

En el momento en que me sucedió todo esto, me encontraba desempleada y no tenía familia a la cual recurrir para pedir ayuda. Necesitaba casi todo. Para encontrar un empleo digno, necesitaba un automóvil para desplazarme y, aunque poseía uno, se encontraba en tal estado de deterioro que estaba a punto de desarmarse.

Estaba atrasada en el pago del alquiler, carecía de vestimenta adecuada para entrevistas laborales y, actualmente, no resulta sencillo para una mujer de cincuenta y cinco años solicitar cualquier tipo de trabajo. Mi cuenta bancaria estaba casi agotada y no había ningún amigo al que pudiera recurrir.

Había asistido a tus conferencias durante casi un año, y la desesperación me empujó a poner a prueba mi imaginación. De hecho, no tenía nada que perder. Consideré que lo más lógico sería comenzar visualizando que poseía todo lo que necesitaba. Sin embargo, las necesidades eran tantas y el tiempo tan limitado, que al final de mi lista me encontraba exhausta. En ese momento, estaba tan nerviosa que no podía dormir.

En una de tus conferencias, mencionaste el caso de una artista que, en su experiencia personal, capturó el "sentimiento" o "palabra" como lo describiste, de: "¡Qué maravilloso!". Decidí aplicar esta idea a mi situación. En lugar de imaginar uno por uno todos los artículos que requería, intenté capturar el sentimiento de que algo maravilloso me estaba sucediendo; no en el futuro, sino en el presente. Me repetía a mí misma al momento de dormir: "¡Es maravilloso! ¡Algo maravilloso me está sucediendo ahora mismo!" Y mientras me dormía, experimentaba la sensación que anticiparía en tales circunstancias.

Durante dos meses consecutivos, repetí esa acción y sentimiento imaginarios, noche tras noche.

Un día, a principios de octubre, me encontré con un conocido que no veía desde hace meses. Me contó que estaba a punto de viajar a Nueva York. Yo había vivido en Nueva York hace muchos años, así que conversamos un poco sobre la ciudad y luego nos despedimos. Pronto olvidé el encuentro.

Un mes después, recibí una llamada de este hombre en mi apartamento, y para mi sorpresa, me entregó un cheque certificado por dos mil quinientos dólares a mi nombre. Al principio, me impactó ver mi nombre en un cheque por esa cantidad. La historia que se desencadenó parecía un sueño. Se trataba de un amigo a quien no había visto ni oído en más de veinticinco años. Resultó que este amigo de mi pasado, me enteré ahora, se había vuelto extremadamente rico durante ese tiempo. Nuestro conocido en común, quien me entregó el cheque, lo había encontrado por casualidad durante su reciente viaje a Nueva York. Durante su conversación, hablaron de mí, y por razones que aún desconozco (pues hasta el día de hoy no he tenido contacto personal con él, ni he intentado buscarlo), este antiguo amigo decidió compartir parte de su gran riqueza conmigo.

Durante los dos años siguientes, recibí cheques mensuales tan generosos que no solo cubrían mis necesidades cotidianas, sino que también me permitían disfrutar de los placeres de la vida: un automóvil, ropa, un amplio apartamento y, lo mejor de todo, la seguridad de no tener que preocuparme por ganarme el pan de cada día.

El mes pasado, llegó a mis manos una carta junto con documentos legales que requerían mi firma. Estos documentos garantizaban la continuidad de este ingreso mensual por el resto de mi vida».

—T.K.

*Si el necio persistiera en su necedad, se volvería sabio.*

Sir Winston nos pide que actuemos en la asunción de que ya poseemos aquello que buscamos, "asumir una virtud, si no la tenemos". ¿Acaso no es este el secreto detrás de los milagros? Tal como en el caso del hombre con parálisis, se le indicó que se levantara, tomara su camilla y caminara, actuando mentalmente como si ya estuviera sano. Cuando las acciones de su imaginación se alinearon con lo que haría físicamente si estuviera sano, ocurrió la sanación.

«Esta es una historia sobre la que algunos podrían decir, "hubiera ocurrido de todos modos", pero quienes la lean con atención encontrarán espacio para maravillarse. Comienza hace un año, cuando dejé Los Ángeles para visitar a mi hija en San Francisco. En lugar de la persona alegre que siempre había conocido, la encontré sumida en profunda angustia. Sin conocer la causa detrás de su malestar y deseando no preguntar, esperé hasta que ella misma compartió que enfrentaba un grave problema financiero y necesitaba tres mil dólares de manera inmediata. No soy una mujer con recursos limitados, pero carecía de una cantidad considerable de efectivo disponible de inmediato. Conociendo a mi hija, sabía que de todos modos habría rechazado mi ayuda económica. Propuse prestarle el dinero, pero su negativa fue rotunda. En lugar de eso, me solicitó que la ayudara "a mi manera", refiriéndose a que aplicara mi imaginación, ya que le había contado sobre tus enseñanzas y al parecer algunas de mis palabras habían resonado en ella.

De inmediato, acepté este plan con la condición de que ella me ayudaría a ayudarla. Decidimos crear una escena imaginaria que ambas pudiéramos practicar, una en la que visualizáramos dinero llegando desde todas partes. Sentíamos que el dinero fluía hacia ella desde cada rincón, hasta que quedaba rodeada por un "mar" de dinero. Siempre realizábamos esta visualización con el sentimiento de alegría para todos los involucrados, sin detenernos en los medios, sino enfocándonos en la felicidad de todos. Esta idea pareció resonar con ella y sé que fue la impulsora detrás de lo que aconteció unos días después. Efectivamente, recuperó su estado de ánimo feliz y confiado, que era natural en ella, aunque en ese momento no existieran pruebas tangibles de dinero alguno. Mientras tanto, yo regresé a mi hogar en el este.

Al llegar a casa, llamé a mi madre (una encantadora jovencita de noventa y un años) quien me pidió de inmediato que la visitara. Aunque yo deseaba un día de descanso, su impaciencia no permitía posponerlo. Por supuesto, acudí a su llamado y, tras saludarme, me entregó un cheque por tres mil dólares a nombre de mi hija. Antes de que pudiera expresar nada, me otorgó tres cheques adicionales por un total de mil quinientos dólares destinados a los hijos de mi hija. ¿La razón detrás de esto? Me explicó que súbitamente, el día anterior, decidió compartir con quienes amaba el dinero en efectivo que poseía, mientras aún se encontraba 'aquí' para presenciar su felicidad al recibirlo.

¿Habría ocurrido de todos modos? No, definitivamente no en esta forma. No en esos días de urgente necesidad para mi hija, seguida por su repentina transformación hacia la alegría. Estoy segura de que su acto imaginario provocó este maravilloso cambio, que no solo trajo una gran felicidad a quien recibió, sino también a quien dio.

P.D: Casi olvido mencionar que, entre los cheques generosamente otorgados, también había uno para mí, por tres mil dólares».

—M.B.

Las oportunidades ilimitadas se revelan al reconocer que el cambio de enfoque de la imaginación no tiene límites. No existen restricciones. La trama de la vida es una construcción imaginaria que llevamos a cabo a través de nuestros estados de ánimo, no meramente por nuestras acciones físicas. Los estados de ánimo sirven como guías que dirigen con facilidad hacia lo que afirman; podríamos decir que dan forma a las circunstancias de la vida y determinan los eventos. El estado de ánimo del deseo cumplido es la marea alta que nos levanta sin esfuerzo de la restricción de los sentidos, donde normalmente nos hallamos anclados. Si somos conscientes de nuestro estado de ánimo y dominamos este secreto de la imaginación, podemos afirmar con certeza que todo aquello que nuestro estado de ánimo sostiene, se materializará.

La siguiente es la historia de una madre que tuvo éxito en sostener un estado de ánimo aparentemente "juguetón" con resultados sorprendentes:

«Seguramente habrás oído el cuento de las 'abuelas' sobre las verrugas: eso de pedirle a alguien que compre tu verruga para que desaparezca. Conozco este relato desde mi infancia, pero no fue hasta que asistí a tus conferencias que comprendí la verdad oculta tras este antiguo cuento. Mi hijo, un chico de diez años, numerosas verrugas grandes y antiestéticas en sus piernas, causando una irritación que lo había atormentado durante años. Decidí que mi repentina 'intuición' podría emplearse en su beneficio. Por lo general, los niños tienen una gran fe en sus madres, así que le pregunté si le gustaría deshacerse de sus verrugas. Rápidamente, accedió, aunque no quería ir al médico. Le propuse jugar un pequeño juego conmigo, y que yo le pagaría una suma de dinero por cada verruga. La idea le pareció atractiva; mencionó que no veía cómo podía perder. Llegamos a un acuerdo sobre el precio y entonces le dije: "Ahora, te estoy pagando una buena cantidad de dinero por esas verrugas; ya no te pertenecen. Nunca conservas algo que pertenezca a otra persona, así que ya no puedes conservar esas verrugas. Van a desaparecer. Puede tomar un día, dos días o incluso un mes, pero ten en cuenta que las he comprado y me pertenecen".

Mi hijo se mostró encantado con nuestro juego y el resultado suena como si hubiera sido extraído de algún antiguo libro de magia. Sin embargo, te aseguro que, en un lapso de diez días, las verrugas comenzaron a desvanecerse y, al cabo de un mes, todas las verrugas en su cuerpo habían desaparecido por completo. Esta historia tiene una continuación, ya que adquirí verrugas de muchas otras personas. Ellos también encontraron esto bastante divertido y aceptaron gustosamente mis cinco, siete o diez centavos por verruga. En cada caso, la verruga efectivamente desapareció. Sin embargo, solamente una persona me cree cuando afirmo que fue su imaginación la que eliminó las verrugas. Esa persona es mi pequeño hijo».

—J.R.

El individuo que se imagina a sí mismo en un estado de ánimo asume la responsabilidad de los resultados que ese estado conlleva. Si no se imagina a sí mismo en ese estado de ánimo, siempre permanece libre de los resultados. El gran místico irlandés George William Russell (A.E.) escribió en "El Cirio de la Visión":

*Me hice consciente de un veloz eco o respuesta a mis propios estados de ánimo en circunstancias que hasta entonces habían parecido inmutables en su indiferencia... Podía profetizar, a partir del surgimiento de nuevos estados de ánimo en mí, que sin buscarlo, pronto me encontraría con personas de cierta naturaleza, y efectivamente así sucedió.*

*Incluso los objetos inanimados estaban bajo la influencia de estas afinidades.*

Sin embargo, no necesitas esperar a que surjan nuevos estados de ánimo en ti mismo; puedes crear estados de ánimo felices a voluntad.

# CAPÍTULO 8

# A TRAVÉS DEL ESPEJO

*Cuando un hombre mira un cristal,*
*Puede mantener en él sus ojos;*
*O si lo desea, pasar a través de él*
*Y entonces espiar el cielo.*
—George Herbert.

Para poder percibir los objetos, primero deben penetrar de alguna manera en nuestro cerebro; sin embargo, esto no implica que estemos íntimamente conectados con nuestro entorno. Aunque la conciencia habitual se enfoca en los sentidos y generalmente queda limitada por ellos, existe la posibilidad de que el individuo trascienda la fijación en los sentidos y se adentre en cualquier estructura imaginaria que conciba, ocupándola tan completamente que su vivacidad y receptividad superen aquello sobre lo que sus sentidos "mantienen sus ojos".

Si esto no fuera cierto, el ser humano sería como un autómata, reflejando la vida, en lugar de influir en ella. El individuo, que es toda imaginación, no es un simple ocupante del cerebro, sino su dueño. No tiene que conformarse con las apariencias de las cosas; puede ir más allá de la percepción para alcanzar una conciencia conceptual. La capacidad de trascender la estructura mecánica y reflejante de los sentidos es el descubrimiento más crucial que una persona puede realizar. Este descubrimiento revela al individuo como un centro de imaginación dotado de poderes de intervención que le permiten alterar el curso de los eventos observados, avanzando de éxito en éxito a través de una serie de transformaciones mentales en su propio ser.

La atención, la punta de lanza de la imaginación, puede ser atraída desde el exterior cuando los sentidos "mantienen sus ojos" o dirigida desde el interior "si así lo desea" y, a través de los sentidos, puede pasar al deseo cumplido. Para trascender de la conciencia perceptual, donde las cosas son tal como parecen, a la conciencia conceptual, donde las cosas son como deberían ser, imaginamos una representación lo más vívida y realista posible de lo que veríamos, oiríamos y experimentaríamos si estuviéramos presentes físicamente y viviéramos las circunstancias como deberían ser. Luego, participamos imaginativamente en esa escena.

La siguiente historia nos relata la experiencia de alguien que pasó "a través del cristal" y rompió las cadenas que la ataban:

«Hace dos años, me llevaron al hospital debido a un grave problema de un coágulo de sangre que aparentemente había afectado todo mi sistema vascular, causando el endurecimiento de las arterias y artritis. Un nervio en mi cabeza resultó dañado y mi tiroides aumentó de tamaño. Los médicos no lograron ponerse de acuerdo acerca de la causa de esta condición, y todos sus tratamientos resultaron completamente ineficaces. Me vi forzada a abandonar todas las actividades que solía disfrutar y a pasar la mayor parte del tiempo en cama. Desde mis caderas hasta los dedos de los pies, sentía mi cuerpo como si estuviera aprisionado y amarrado por cables tensos. No podía poner los pies en el suelo sin usar medias elásticas largas y ajustadas.

Yo tenía cierto conocimiento de tus enseñanzas y hacía un gran esfuerzo por aplicar lo que había escuchado, pero a medida que mi condición empeoraba, no pude asistir a ninguna de tus conferencias y mi desaliento se profundizó aún más. Un día, un amigo me envió una postal con una hermosa vista de una playa. La imagen era tan cautivadora que la observé una y otra vez, y empecé a rememorar días pasados de verano en la orilla del mar junto a mis padres. Por un momento, la imagen de la postal pareció cobrar vida, y los recuerdos de mí corriendo libremente por la playa inundaron mi mente. Sentí la sensación de mis pies descalzos en la arena húmeda y compacta; experimenté el agua fría corriendo entre mis dedos y escuché el suave sonido de las olas rompiendo en la orilla. Esta actividad imaginaria resultó tan placentera incluso mientras seguía postrada en la cama, que continué recreando esta maravillosa escena día tras día durante aproximadamente una semana.

Una mañana, mientras me movía de la cama a un sofá, comencé a sentarme cuando de repente fui atacada por un dolor insoportable que paralizó mi cuerpo por completo. No podía sentarme ni acostarme. Este terrible dolor duró más de un minuto, pero cuando se detuvo, ¡me liberé! Fue como si todos los cables que mantenían atadas mis piernas hubieran sido cortados. En un instante, pasé de estar atada a ser libre. Este cambio no se produjo de manera gradual, sino instantáneamente».

—V.H.

*"Caminamos por fe, no por vista"*
(2 Corintios 5: 7)

Cuando caminamos por vista, conocemos nuestro camino basándonos en los objetos que ven nuestros ojos. Sin embargo, cuando caminamos por fe, dirigimos nuestra vida mediante las escenas y acciones que solo la imaginación puede ver. Las personas pueden percibir a través del Ojo de la Imaginación o el Ojo del Sentido. Existen dos actitudes mentales posibles hacia la percepción: el esfuerzo creativo imaginativo que encuentra una respuesta imaginativa, o la actitud no-imaginativa que simplemente refleja lo observado.

Dentro de cada individuo coexisten los principios de vida y muerte. Uno de ellos implica la imaginación construyendo estructuras imaginarias a partir de los generosos sueños de fantasía. El otro se basa en la imaginación construyendo estructuras imaginarias a partir de imágenes reflejadas por el frío viento de los hechos. Uno crea, mientras que el otro perpetúa. Cada individuo debe elegir entre el camino de la fe y el camino de la vista. Cuando una persona construye basándose en los sueños de fantasía, está experimentando vida y, por ende, el desarrollo de la capacidad para atravesar el cristal reflectante de los sentidos representa un incremento en la vitalidad. De ello se deduce que limitar la imaginación "manteniendo los ojos" en el cristal reflectante de los sentidos equivale a una disminución de la vida.

La engañosa superficie de los hechos no revela, sino que refleja; desvía el "Ojo de la Imaginación" de la verdad liberadora. Si el "Ojo de la Imaginación" no se desvía, se posa en lo que debería estar allí, no en lo que es. Aunque la escena en la que reposa la vista pueda ser familiar, el "Ojo de la Imaginación" podría contemplar algo nunca antes observado. Este "ojo de la imaginación" y solo esto, es lo que nos puede liberar de la fijación sensorial de las cosas externas, las cuales dominan completamente nuestra existencia común y nos mantienen enfocados en el cristal reflectante de los hechos.

Es posible pasar de "pensar en" a "pensar desde"; y el punto crucial es "pensar desde", es decir, experimentar el estado. Esta experiencia implica unión, mientras que en el "pensamiento de" siempre hay un sujeto y un objeto: el individuo pensante y la cosa pensada.

El secreto es la entrega total. Debemos entregarnos al estado, amando el estado mismo; al hacerlo, viviremos la vida del estado, dejando atrás nuestro estado presente. La imaginación asume la vida del estado y se entrega a expresar la vida de dicho estado.

La fe sumada al amor es autocompromiso. No podemos comprometernos con lo que no amamos. "Nunca haríamos nada si no lo amáramos". Y para hacer el estado vivo, debemos convertirnos en él. "Yo vivo, pero no yo; es Dios quien vive en mí, y la vida que ahora vivo en la carne, la vivo por la fe de Dios, quien me amó y se entregó a sí mismo por mí".

Dios amó a la humanidad, a su creación, y se hizo humano con la fe de que esta autoentrega transformaría lo creado en creativo. Debemos ser "imitadores de Dios como hijos amados" y entregarnos a lo que amamos, como Dios que nos amó se entregó a nosotros. Debemos Ser el estado para experimentar el estado.

El centro consciente de la imaginación puede cambiar; lo que ahora son simples deseos, actividades imaginarias irrelevantes, pueden ser enfocadas intensamente y adentrarse en ellas. Al entrar, nos comprometemos con el estado. Las posibilidades de cambiar el centro de la imaginación son asombrosas. Estas actividades son en todo momento psíquicas. El cambio del centro de la imaginación no se produce por viaje espacial, sino por un cambio en lo que somos conscientes. Los límites del mundo sensorial son una barrera subjetiva. Mientras se preste atención a los sentidos, el ojo de la Imaginación se apartará de la verdad. No avanzaremos mucho a menos que los soltemos.

Esta historia ejemplifica cómo una mujer "los soltó" con resultados inmediatos y milagrosos.

«Gracias por la "llave de oro". Esta llave ha sacado a mi hermano del hospital, del dolor y de una posible muerte. Se encontraba al borde de una cuarta operación seria, con escasas esperanzas de recuperación. Yo estaba profundamente preocupada y, al intentar aplicar lo que había aprendido acerca de mi imaginación, en primer lugar, me pregunté, qué realmente deseaba mi hermano. "¿Desea continuar en este cuerpo o desea liberarse de él?" Esa pregunta dio vueltas en mi mente una y otra vez. De repente, sentí que le gustaría continuar remodelando su cocina, algo que ya había estado considerando antes de ser internado en el hospital. Entendí que mi pregunta había sido respondida y, a partir de ese punto, comencé a imaginar.

Al intentar 'visualizar' a mi hermano inmerso en la agitada actividad de remodelar, me vi de repente agarrando el respaldo de una silla de cocina que él había usado muchas veces. Justo en ese instante, algo inesperado ocurrió. Me encontré de pie junto a la cama de mi hermano en el hospital. Ese era el último lugar donde hubiera deseado estar, ni física ni mentalmente. Sin embargo, ahí estaba yo, y la mano de mi hermano se alzó y apretó la mía con firmeza, mientras oía sus palabras: "Sabía que vendrías, Jo". Era una mano sana, un apretón fuerte y seguro. Una oleada de alegría me invadió y mi voz se llenó de emoción mientras me escuchaba decir: "Tú sabes. Todo está mejor ahora". Mi hermano no respondió verbalmente, pero claramente oí una voz que me decía: 'Recuerda este momento'. Entonces, pareció como si despertara, retornando a mi propia casa.

Esto sucedió la noche después de su ingreso al hospital. Al día siguiente, su esposa me llamó por teléfono diciendo: "¡Es increíble! El médico no puede explicarlo, Jo, pero no será necesaria ninguna operación. Ha mejorado tanto que han decidido darle el alta mañana". El lunes siguiente mi hermano regresó a su trabajo y ha estado perfectamente bien desde entonces».

—J.S.

No son los hechos, sino los sueños de fantasía los que moldean nuestras vidas. No necesitó una brújula para encontrar a su hermano ni instrumentos para intervenir quirúrgicamente; solo el "ojo de la imaginación". En el reino de los sentidos, nosotros vemos lo que tenemos que ver; en el mundo de la imaginación, vemos lo que deseamos ver. Al verlo, lo creamos para que sea visto en el mundo de los sentidos. La percepción del mundo exterior es automática, pero ver lo que deseamos ver demanda un esfuerzo imaginativo, consciente y voluntario. Nuestro futuro surge de nuestra actividad imaginativa en su proceso creativo. El sentido común nos asegura que vivimos en un mundo sólido y coherente. Sin embargo, en realidad, este mundo aparentemente sólido es completamente imaginario.

La siguiente historia demuestra que es posible que una persona transfiera el centro de la imaginación en mayor o menor medida hacia un área distante. Esto no solo es factible sin moverse físicamente, sino que también puede hacerse visible para aquellos que están presentes en ese punto específico en el espacio-tiempo. Y si este caso resulta ser un sueño, entonces: "¿Todo lo que percibimos o parece que percibimos no es más que un sueño dentro de otro sueño?"

«Sentada en mi sala de estar, en San Francisco, me imaginé estar en el salón de mi hija en Londres, Inglaterra. Me rodeé completamente con los detalles de esa habitación que conocía muy bien, cuando de repente me vi realmente parada en ella. Mi hija estaba junto a la chimenea, con su rostro vuelto lejos de mí. Un momento después, se volvió y nuestros ojos se encontraron. En su rostro, percibí una expresión tan sorprendida y asustada que yo misma me sentí emocionalmente agitada. Inmediatamente, me encontré de vuelta en mi sala de estar en San Francisco.

Cinco días después, recibí una carta de mi hija por correo. Había sido escrita el día de mi experimento con el viaje imaginario. En su carta, me relataba que en ese día me había 'visto' en su sala de estar, tan real como si estuviera realmente allí en persona. Confesó sentir gran temor y que antes de que pudiera decir algo, desaparecí. La hora de esta "visita", como lo describió en su carta, coincidía exactamente con el momento en que había comenzado mi ejercicio de imaginación, teniendo en cuenta la diferencia horaria entre los dos lugares. Me explicó que le contó esta asombrosa experiencia a su esposo, quien insistió en que me escribiera de inmediato, expresando: "Tu madre puede haber fallecido o estar en su lecho de muerte". No obstante, no estaba ni 'muerta' ni

'agonizando'; en cambio, estaba muy viva y emocionada por esta extraordinaria experiencia».
—M.L.J.

*Nada puede actuar sino donde reside*
*con todo el corazón;*
*pero ¿dónde reside?*
—Thomas Carlyle.

El individuo es toda imaginación. Por lo tanto, debe estar donde está en la imaginación, porque su imaginación es él mismo. La imaginación está activa en y a través de cualquier estado del que sea consciente. Si tomamos en serio el cambio de conciencia, descubriremos que se presentan posibilidades asombrosas. Los sentidos mantienen al individuo en un matrimonio obligado e inarmónico, del cual se liberaría si estuviera despierto en términos imaginativos. No somos dependientes de la información sensorial. Basta con redirigir el enfoque de la conciencia para percibir las transformaciones que ocurren. Incluso con un pequeño cambio en nuestra perspectiva mental, el mundo se presentaría bajo una luz ligeramente diferente. La conciencia generalmente se desplaza en el espacio mediante el movimiento físico del organismo, pero no necesita ser tan limitada. Puede desplazarse por un cambio en lo que somos conscientes.

Estamos manifestando el poder de la imaginación, cuyos límites son indefinibles. Lo más importante es comprender que el verdadero Ser, la Imaginación, no está confinado dentro de los límites espaciales del cuerpo. La historia previa demuestra que cuando nos encontramos con una persona en el plano físico, su Ser Real no necesita estar presente en el espacio donde está su cuerpo. También muestra que la percepción sensorial puede activarse sin recurrir a los medios físicos convencionales, y que los datos sensoriales resultantes son de naturaleza similar a los de la percepción normal. Todo el proceso comenzó con la idea concreta en la mente de la madre de encontrarse en el lugar donde residía su hija. Si la madre efectivamente estaba allí y la hija estaba presente, entonces sería perceptible para ella. Solo podemos intentar comprender esta experiencia desde un enfoque imaginativo, en lugar de uno mecánico o material. La madre imaginó "otro lugar" como "aquí". Londres era "aquí" para su hija que vivía "allí", mientras que San Francisco era "aquí" para la madre que residía "allí".

Rara vez nos pasa por la mente que este mundo podría ser fundamentalmente distinto de lo que el sentido común nos hace creer de manera tan obvia. Como expresa Blake:

"No cuestiono mi ojo corporal o vegetativo, así
como no cuestionaría una ventana con relación a un
paisaje. Miro a través de ella, no con ella".

Esta forma de mirar a través del ojo no solo traslada la conciencia a otros puntos de "este mundo" sino también a "otros mundos". Los astrónomos deberían desear indagar más profundamente en este "mirar a través del ojo"; este viaje mental que los místicos practican con facilidad.

*He viajado a través de una tierra de hombres,*
*Una tierra de hombres y mujeres también.*
*Y he oído y visto cosas tan terribles.*

*Como los viajeros de la fría tierra nunca han conocido.*

El viaje mental ha sido practicado por hombres y mujeres despiertos desde tiempos remotos. Pablo afirma:

"Conozco a un hombre en Cristo, que hace catorce años (si en el cuerpo, no lo sé; si fuera del cuerpo, no lo sé; Dios lo sabe) fue arrebatado hasta el tercer cielo"
(2 Corintios 12)

Pablo nos está diciendo que él es ese hombre y que viajó mediante el poder de la imaginación o de Cristo. En su siguiente carta a los Corintios escribe:

"Examínense a sí mismos. ¿No se dan cuenta de que Jesucristo está en ustedes?"

No es necesario estar muerto para disfrutar de privilegios espirituales. "El hombre es toda imaginación y Dios es el hombre". Ponte a prueba como hizo esta madre.

Sir Arthur Eddington dijo que lo único que podemos afirmar acerca del mundo externo es que es una "experiencia compartida. Las cosas son más o menos "reales" según la medida en que pueden ser compartidas con otros o incluso con nosotros mismos en otro momento. Sin embargo, no existe una distinción clara y firme. Aceptando la definición de Eddington de la realidad como "experiencia compartida", la historia anterior es tan "real" como la tierra o un color, ya que fue compartida por la madre y la hija. El alcance de la imaginación es tan vasto que debo confesar que no sé qué límites, si es que existen, encierran su capacidad de crear realidad.

Todas estas historias nos revelan una verdad: una actividad imaginaria que implica un deseo cumplido debe originarse en la imaginación, al margen de la evidencia de los sentidos, en ese viaje que conduce a la realización del deseo.

# CAPÍTULO 9

# ENTRANDO

*Si el observador pudiera adentrarse en estas imágenes
de su imaginación, aproximándose a ellas mediante el
carro ardiente de su pensamiento meditativo... podría
hacer de una de estas maravillosas imágenes su amiga y
compañera, siempre instándolo a dejar atrás lo
mundano (como bien debería saber). Entonces, se
elevaría de su sepulcro, encontraría al Señor en las
alturas y experimentaría la felicidad.*
—Blake.

Parece que la imaginación no materializa nada de lo
que deseamos hasta que entramos en la imagen del deseo
cumplido. Este "entrar en la imagen del deseo cumplido"
se asemeja a lo expresado por Blake:

*Existe un vacío más allá de la existencia que, al
adentrarse en él, se envuelve y se convierte en una
matriz.*

¿No es esta la verdadera interpretación de la mítica
historia de Adán y Eva? ¿Representan el hombre y su
emanación? ¿No son los sueños de fantasía del hombre,

su emanación, su Eva, en quien "él mismo se injerta en los nervios de ella, como un labriego siembra en su tierra, y ella se convierte en su morada y jardín fructífero setenta veces?"

El secreto de la creación es el secreto de la imaginación: primero deseando y luego asumiendo el sentimiento del deseo cumplido hasta llegar al sueño de fantasía, 'el vacío más allá de la existencia', donde uno entra, se envuelve y se convierte en una matriz; una morada y un jardín fecundo. Observa que Blake nos exhorta a entrar en estas imágenes. Este 'entrar' en la imagen lo hace 'envolverse y convertirse en una matriz'. Al entrar en un estado lo impregnas y haces que cree lo que implica la unión. Blake nos dice que estas imágenes son 'vagas' para aquellos que no habitan en ellas, simples posibilidades, pero para quienes entran en ellas, parecen la única sustancia real.

«En mi camino hacia la costa oeste, hice una parada en Chicago para pasar el día con algunos amigos. Mi anfitrión se estaba recuperando de una grave enfermedad y su médico le sugirió que se mudara a una casa de un solo piso. Siguiendo el consejo del médico, había comprado una casa de una planta que se adecuaba a sus necesidades. Sin embargo, ahora se enfrentaba al problema de que parecía no haber comprador interesado en su amplia casa de tres pisos. Cuando llegué, se encontraba bastante desanimado.

Mientras trataba de explicarle la ley de la imaginación constructiva a mi anfitrión y su esposa, compartí la historia de una prominente mujer de Nueva York que me había visitado para discutir el alquiler de su apartamento. A pesar de tener un hermoso apartamento en la ciudad y una casa de campo, era esencial que alquilara su apartamento si ella y su familia deseaban pasar el verano en la casa de campo.

En años anteriores, el apartamento había sido arrendado sin problemas a principios de la primavera, pero cuando ella me visitó, la temporada de subarriendos de verano parecía haber concluido. A pesar de que había contratado a buenos agentes inmobiliarios, nadie parecía interesado en alquilarlo. Le expliqué lo que debía hacer en su imaginación. Siguió mi consejo y en menos de veinticuatro horas, su apartamento fue alquilado.

Les expliqué cómo, mediante el uso constructivo de su imaginación, había logrado alquilar su apartamento. Siguiendo mi sugerencia, antes de irse a dormir en su apartamento de la ciudad esa noche, se imaginó acostada en su cama en la casa de campo. En su imaginación, ella veía el mundo desde la casa de campo, en lugar de hacerlo desde su apartamento en la ciudad. Inhalaba el aire fresco del campo. Logró que esto fuera tan real que se durmió sintiendo que estaba realmente en el campo. Esto ocurrió un jueves por la noche. A las nueve de la mañana del sábado siguiente, me llamó desde su casa de campo y me informó que el viernes una inquilina excepcional, que cumplía con todos sus requisitos, no solo había alquilado su apartamento, sino que lo hizo bajo la condición de mudarse ese mismo día.

Les sugerí a mis amigos que construyeran una estructura imaginaria, siguiendo el ejemplo de esta mujer.

Les expliqué que durmieran imaginando que estaban físicamente presentes en su nueva casa, sintiendo que ya habían vendido su antigua casa. Les expliqué la gran diferencia entre pensar en la imagen de su nueva casa y pensar desde la imagen de su nueva casa. Pensar en ella es una admisión de que no están dentro de ella; pensar desde ella es una confirmación de que ya están en ella. Entrar en la imagen daría sustancia a la imagen. La ocupación física de la nueva casa seguiría automáticamente. Les expliqué que la apariencia del mundo depende por completo de dónde se encuentra el individuo cuando realiza su observación. Y dado que es "Todo imaginación", debe estar donde está en su imaginación. Este concepto de causalidad los perturbó, ya que sonaba a magia o superstición, pero prometieron que lo intentarían.

Esa noche me fui a California y la siguiente noche, el conductor del tren en el que viajaba me entregó un telegrama que decía: "La casa se vendió anoche a medianoche".

Una semana después, me escribieron y me contaron que la misma noche en que salí de Chicago, durmieron físicamente en su antigua casa, pero mentalmente estaban en la nueva, contemplando el mundo desde su nuevo hogar, imaginando cómo 'parecerían' las cosas si eso fuera cierto. Esa misma noche fueron despertados de su sueño para informarles que la casa había sido vendida».

No es hasta que se entra en la imagen, hasta que se conoce a Eva, que el acontecimiento emerge en el mundo.

El deseo cumplido debe ser concebido en la imaginación del individuo antes de que el evento pueda evolucionar a partir de lo que Blake llama "el vacío".

La siguiente historia demuestra que, al cambiar el enfoque de su imaginación, la Sra. A. F. entró físicamente donde ella había persistido estar imaginativamente:

«Poco después de nuestra boda, mi esposo y yo decidimos que nuestro mayor deseo era pasar un año en Europa. Para muchos, este objetivo podría parecer razonable, pero para nosotros, con recursos financieros limitados, no solo parecía irrazonable, sino también absolutamente descabellado. Europa bien podría haber sido otro planeta. Sin embargo, habiendo escuchado tu enseñanza, persistí en imaginarme en Inglaterra. No puedo decir con certeza por qué específicamente Inglaterra, excepto que había visto una película reciente que mostraba los alrededores del Palacio de Buckingham, y me había enamorado de la escena.

Todo lo que hice en mi imaginación fue pararme en silencio fuera de las grandes puertas de hierro y sentir el frío metal bajo mis manos mientras contemplaba el Palacio. Durante muchas noches, experimenté una profunda alegría por "estar" allí y me dormí en ese estado feliz.

Poco después, en una fiesta, mi esposo conoció a alguien que, en cuestión de un mes, jugó un papel fundamental en asegurarle una beca de enseñanza en una prestigiosa universidad. ¡Imagina mi emoción cuando escuché que la universidad estaba en Inglaterra!

¿Atrapados en una situación financiera limitada? En menos de un mes, estábamos cruzando el Atlántico y nuestras supuestas dificultades insuperables se desvanecieron como si nunca hubieran existido. Disfrutamos de nuestro año en Europa, uno de los más felices de mi vida»
—M.F.

El aspecto del mundo depende por completo de dónde está el individuo cuando hace sus observaciones. Y ya que él es toda imaginación, debe estar donde está en la imaginación. "La piedra que los constructores rechazaron, se ha convertido en la piedra angular". Esa piedra es la imaginación. Te presento este secreto y te dejo actuar o reaccionar.

*Esta es la famosa piedra*
*Que convierte todo en oro;*
*Porque lo tocado y poseído por Dios*
*No se puede decir que sea menos.*
—George Herbert.

«Mi casa es antigua, pero es mía. Deseaba pintar el exterior y redecorar el interior, sin embargo, carecía del dinero necesario para lograr ninguno de esos objetivos. Nos enseñaste a 'vivir' como si nuestro deseo ya fuera una realidad, y eso es lo que empecé a hacer: imaginé mi antigua casa con una nueva capa de pintura, muebles y decoración nuevas, y todos los detalles ornamentales. En mi imaginación, caminé por las habitaciones recién decoradas, recorrí el exterior admirando la pintura fresca y, al concluir mi acto imaginario, entregué un cheque al contratista por el pago en su totalidad. Entré fielmente en esta escena imaginaria tan a menudo como pude durante el día y cada noche antes de dormir. En dos semanas, recibí una carta certificada de la compañía de seguros Lloyd de Londres, informándome que había heredado siete mil dólares de una mujer a la que nunca había conocido. Casi cuarenta años atrás, había tenido un encuentro breve con su hermano, y hace quince años, había realizado un pequeño servicio para la señora cuando su hermano falleció en nuestro país. Ella me había escrito solicitando detalles sobre su muerte, información que pude proporcionarle. No había tenido noticias de ella desde entonces.

Aquí estaba, un cheque por siete mil dólares, más que suficiente para cubrir el costo de la renovación de mi casa, además de muchas otras cosas que había deseado»
—E.C.A.

*Aquel que no se imagina en linajes*
*más fuertes y superiores,*
*y en una luz más intensa y elevada*
*que la que su ojo mortal y efímero puede ver,*
*no imagina en absoluto.*
—Blake.

A menos que el individuo se imagine a sí mismo como otra persona o en otro lugar, las condiciones y circunstancias actuales de su vida seguirán existiendo y sus problemas se repetirán, ya que todos los eventos se derivan de sus imágenes constantes. Fueron creados por él, persisten debido a él, y también pueden dejar de existir gracias a él.

El secreto de la causalidad reside en las imágenes ensambladas, pero una palabra de advertencia, el ensamblaje debe tener un significado; debe implicar o no generará actividad creativa. Esto es La Palabra.

# CAPÍTULO 10

# COSAS QUE NO SE VEN

*Lo que se ve fue hecho de lo que no se veía.*
*(Hebreos 11: 3)*

*"La historia humana, con sus sistemas de gobierno,*
*revoluciones, guerras y, en realidad, el ascenso y la*
*decadencia de las naciones, podría escribirse en*
*términos del surgimiento y caída de las ideas*
*implantadas en la mente de los hombres".*
—Herbert Hoover.

*El secreto de la imaginación es el más grande de todos*
*los problemas que buscan resolver los místicos. El*
*poder supremo, la sabiduría suprema, la dicha suprema*
*residen en la eventual resolución de este misterio*
*distante.*
—Douglas Fawcett.

Negar el poder creativo de la actividad imaginativa invisible es un asunto demasiado profundo para ser debatido. A través de su actividad imaginativa, el individuo "llama literalmente a la existencia cosas que no existen". Mediante su actividad imaginativa, todas las cosas son creadas, y sin tal actividad, "nada de lo que ha sido hecho, fue hecho".

Esta actividad causal podría definirse como el ensamblaje de imágenes imaginarias que, al ocurrir, inevitablemente da lugar a algún evento físico. Nos corresponde a nosotros armar las imágenes de un desenlace feliz y luego abstenernos de interferir. El evento no debe ser forzado, sino permitir que ocurra.

Si la imaginación es la única fuerza actuante o existente en los seres (como creía Blake), entonces nunca podemos estar seguros de que no fue una mujer pisando el lagar quien inició ese cambio sutil en la mente de los hombres.

Esta abuela pisa diariamente el lagar para su pequeña nieta. Ella escribe:

«Esta es una de esas cosas que hacen que mi familia y amigos digan, 'simplemente no lo entendemos.' Kim tiene ahora dos años y medio. La cuidé durante un mes después de que nació, y no la volví a ver hasta hace un año, pero solo por dos semanas. Sin embargo, durante este último año, cada día, en mi imaginación, la he tomado en mi regazo, la he abrazado y he hablado con ella.

En estos actos imaginarios, repaso todas las cosas maravillosas sobre Kim: "Dios está creciendo a través de mí; Dios está amando a través de mí, etc."

Al principio, obtenía la respuesta de un niño muy pequeño. Cuando empezaba diciendo, "Dios está creciendo a través de mí", ella contestaba: "Mi". Ahora, cuando comienzo, ella completa toda la oración. Otra cosa que ha sucedido es que, con el paso de los meses, al ponerla en mi regazo, en mi imaginación, ella se ha vuelto cada vez más grande y más pesada.

En este último año, Kim ni siquiera ha visto una foto mía. Para ella, solo podría ser un nombre. Ahora, su familia me ha contado que cada día, en algún momento, ella empieza a hablar sobre mí, a nadie en particular, solo habla. A veces dura una hora, o se dirige al teléfono y finge llamar. En su monólogo hay fragmentos como: "Mi Di Di me ama. Mi Di Di siempre viene a verme todos los días.

Aunque sé lo que he estado haciendo en mi imaginación, también me ha hecho cuestionar mucho»
—U.K.

Todos los hombres y mujeres imaginativos están constantemente lanzando hechizos, mientras que aquellos hombres y mujeres pasivos que carecen de una poderosa vida imaginativa están continuamente bajo el hechizo de este poder.

Cada forma en la naturaleza es producida y sostenida por alguna actividad imaginativa. Por lo tanto, cualquier cambio en esta actividad imaginativa debe llevar a un cambio en la forma. Imaginar una imagen sustituta por un contenido no deseado o defectuoso es crearlo. Si persistimos en nuestra actividad imaginativa ideal y no nos conformamos con satisfacciones menores, lograremos la victoria.

«Cuando leí en tu libro "Tiempo de Siembra y Cosecha" la historia de la profesora de escuela que, en su revisión diaria, a través de su imaginación, transformó a una alumna conflictiva en una niña encantadora, decidí hacer algo similar con un joven de la escuela de mi esposo.

Contar todos los problemas involucrados llevaría muchas páginas, ya que mi esposo nunca había tenido un niño tan difícil ni una situación tan complicada con los padres. El chico era demasiado joven para ser expulsado, sin embargo, los profesores se negaban a tenerlo en sus clases. Para empeorar las cosas, la madre y la abuela literalmente "acamparon" en los terrenos de la escuela, causando problemas para todos.

Quería ayudar al niño, pero también a mi esposo. Así que, todas las noches, construí dos escenas en mi imaginación: (1) "vi" a un niño perfectamente normal y feliz; (2) "oí" a mi marido decir: "No puedo creerlo, querida, pero sabes que "R" ahora está actuando como un niño normal y es un paraíso no tener a esas dos mujeres alrededor". Después de dos meses de persistir noche tras noche en este acto imaginario, mi esposo llegó a casa y dijo: "La escuela es como el paraíso", no eran exactamente las mismas palabras, pero eran lo suficientemente similares.

La abuela se comprometió en algo que la sacó de la ciudad y la madre tuvo que acompañarla. Al mismo tiempo, un nuevo maestro asumió el desafío con 'R' y él estaba progresando maravillosamente bien en todo lo que había imaginado para él».

—G.B.

Es inútil mantener normas que no aplicamos. A diferencia de Portia, quien dijo: "Puedo más fácilmente enseñar a veinte qué deben hacer, que ser uno de los veinte en seguir mi propia enseñanza", G.B. siguió su propia enseñanza. Es fatalmente fácil hacer de la aceptación de la fe imaginaria un sustituto de vivir por ella.

*"Me ha enviado para vendar a los quebrantados de corazón, para proclamar libertad a los cautivos y liberación a los prisioneros"*
*(Isaías 61: 1).*

# CAPÍTULO 11

# EL ALFARERO

*Levántate y desciende a la casa del alfarero, y allí te anunciaré mis palabras. Entonces descendí a casa del alfarero, y allí estaba él, haciendo un trabajo sobre la rueda. Y la vasija de barro que estaba haciendo se echó a perder en la mano del alfarero; así que volvió a hacer de ella otra vasija, según le pareció mejor al alfarero hacerla.*
*(Jeremías 18: 2-4)*

La palabra traducida como "Alfarero" significa "imaginación". Del material que otros habrían desechado como inútil, una imaginación despierta, lo modifica y lo moldea como debería ser.

*"Señor, tú eres nuestro padre, nosotros el barro, y tú nuestro alfarero; obra de tus manos, somos todos nosotros"*
*(Isaías 64: 8)*

Esta concepción de la creación como una obra de la imaginación, y el Señor nuestro Padre como nuestra imaginación, puede llevarnos a comprender más profundamente el misterio de la creación que cualquier otra explicación. La única razón por la que algunas personas no aceptan esta identificación entre Dios y la imaginación humana es que no están dispuestas a asumir la responsabilidad de cómo han utilizado su imaginación de manera equivocada o destructiva. La imaginación divina ha descendido al nivel de la imaginación humana, para que la imaginación humana pueda ascender a la imaginación divina. En el octavo salmo se dice que el hombre fue hecho un poco menor que Dios, no un poco menor que los ángeles, como erróneamente lo traduce la versión King James. Los ángeles representan las disposiciones emocionales del individuo y, por lo tanto, son su sirviente y no su superior, como nos dice el autor de Hebreos.

La imaginación es el verdadero ser y es Uno con Dios. La imaginación crea, conserva y transforma. La imaginación es verdaderamente creativa cuando se deshace de las actividades imaginativas basadas en la memoria. Se vuelve conservadora cuando su actividad imaginativa se nutre principalmente de imágenes suministradas por la memoria. Y es transformadora cuando varía un tema existente, altera mentalmente un hecho de la vida, excluye o reemplaza una experiencia recordada para mantener la armonía deseada.

A través del uso de su imaginación, esta talentosa joven artista ha hecho de su sueño una realidad.

«Desde que entré en el campo del arte, he disfrutado haciendo bocetos y pinturas para habitaciones infantiles.

Sin embargo, recibí desalentadoras opiniones por parte de asesores y amigos que contaban con mucha más experiencia que yo en este rubro. Aunque apreciaban mi trabajo y admiraban mi talento, sostenían que este tipo de labor no me brindaría reconocimiento ni ingresos. A pesar de ello, siempre tuve una sensación interna de que podría lograrlo, pero ¿cómo?.

El otoño pasado, escuché tus conferencias y leí tus libros, y decidí dejar que mi imaginación creara la realidad que anhelaba. Esto es lo que hice diariamente: Me imaginé que estaba en una galería donde había una gran expectación en torno a mí. Mis obras adornaban las paredes en una exposición individual, y observé estrellas rojas en muchas de mis pinturas, indicando que habían sido adquiridas.

Los acontecimientos se desencadenaron de la siguiente manera: poco antes de Navidad, confeccioné un móvil para una amiga. A su vez, ella mostró mi trabajo a un amigo suyo que era propietario de una tienda de importación de arte en Pasadena. Él expresó su interés por conocerme, lo que llevó a que presentara algunas muestras de mis obras. Al observar la primera pintura, manifestó su deseo de ofrecerme una exposición individual en primavera.

Durante la inauguración el 17 de abril, un diseñador de interiores que estuvo presente mostró un gran aprecio por mi trabajo y me encargó crear un collage para la habitación de un niño pequeño. Dicho collage sería destacado en la edición de septiembre de "Good Housekeeping" como la "Casa del Año" de 1961. Más tarde, durante el evento, otro diseñador de interiores se interesó profundamente en mi trabajo. Me consultó sobre la posibilidad de organizar una reunión con los decoradores de interiores y propietarios de galerías adecuados, quienes podrían adquirir y exponer mis obras de manera adecuada. Cabe destacar que la exposición resultó ser un éxito financiero tanto para el propietario de la galería como para mí.

Lo interesante de esta historia es que estos tres individuos se cruzaron en mi camino aparentemente "de la nada". Durante el período en que me dedicaba a "imaginar", no hice ningún esfuerzo por contactar a nadie. No obstante, ahora estoy cosechando reconocimiento y contando con un mercado para mis obras. Esta experiencia me ha confirmado que no existe un "no" cuando aplicamos seriamente el principio de que la imaginación da vida a la realidad».

—G.L.

Ella realmente puso a prueba al alfarero y demostró su creatividad en el desempeño. Solo una mente indolente sería incapaz de enfrentar tal desafío. Pablo afirma: "El espíritu de Dios mora en ti", y te insta a someterte a una prueba de fe.

*"Pónganse a prueba para ver si están en la fe.
Examínense a sí mismos. ¿O no reconocen que
Jesucristo está en ustedes, a menos que en verdad no
pasen la prueba? Más espero que reconocerán que
nosotros no estamos reprobados.
(2 Corintios 13: 5-6).*

Si "todas las cosas fueron hechas por medio de él, y sin él nada de lo que ha sido hecho, fue hecho", no debería ser difícil ponernos a prueba para descubrir la verdadera naturaleza de este Creador dentro de nosotros. La prueba nos revelará que nuestra imaginación es la única "que da vida a los muertos y llama las cosas que no son, como si fuesen" (Romanos 4:17). La presencia del alfarero en nosotros se deduce de lo que él hace allí. No podemos considerarlo como algo ajeno a nosotros mismos. La esencia del alfarero, Jesucristo, reside en la creación, y sin él no hay creación posible.

Cada narración plasmada en este libro constituye la evidencia que Pablo exhortó a los Corintios a buscar. En verdad y de manera tangible, Dios reside en cada individuo, en cada ser humano. Dios se funde completamente con nosotros. Él no es nuestra virtud, sino nuestro Ser Real, nuestra Imaginación.

Las siguientes ilustraciones del reino mineral pueden ayudarnos a ver cómo la Imaginación Suprema y la imaginación humana pueden ser el mismo poder a pesar de ser notablemente distintas en su capacidad creativa.

El diamante es el mineral más duro del mundo. El grafito, utilizado en los lápices, es uno de los más suaves. Sin embargo, ambos minerales son carbono puro. La vasta diferencia en las propiedades de las dos formas de carbono se atribuye a una disposición única de los átomos de carbono. No obstante, independientemente de si esta diferencia proviene de una disposición distinta de átomos de carbono o no, todos concuerdan en que el diamante y el grafito comparten la misma base: el carbono puro.

El propósito de la vida es la realización creativa de los deseos. Un individuo carente de deseos no podría desenvolverse eficazmente en un mundo de retos constantes que requieren soluciones continuas. Un deseo es la conciencia de algo que nos falta o necesitamos para hacer que la vida sea más gratificante. Siempre hay un beneficio personal en juego cuando se trata de deseos. Cuanto mayor sea la ganancia anticipada, más intenso será el deseo. Ningún deseo es verdaderamente desinteresado. Aun cuando nuestro deseo sea en beneficio de otro, seguimos persiguiendo la satisfacción de ese deseo. Para alcanzar nuestro deseo, debemos imaginar escenas que impliquen su realización y representar la escena en nuestra imaginación, sintiendo una alegría genuina dentro de sus confines para que resulte natural. Es como una niña disfrazada, jugando a ser "reina". De igual manera, debemos imaginarnos siendo lo que deseamos ser. Debemos representar este papel en nuestra imaginación primero, no como espectador, sino como un actor.

Esta mujer experimentó el juego imaginativo de ser "la Reina" al estar donde quería estar en su imaginación. Se convirtió en la protagonista principal de este teatro.

«Tenía el deseo de asistir a una presentación de un renombrado mimo, que estaba actualmente deleitando al público en uno de los teatros más grandes de nuestra ciudad. Dada la minuciosidad característica de esta forma de arte, mi anhelo era ocupar un asiento de la sección de orquesta; sin embargo, carecía incluso del precio de un boleto para el balcón. En la noche en la que decidí disfrutar de este placer en mi mente, me dormí visualizando al asombroso artista. En mi acto imaginario, me ubicaba en un asiento central de la orquesta, escuchaba los aplausos al alzarse el telón y al artista aparecer en el escenario; verdaderamente sentía la intensa emoción de la experiencia.

Al día siguiente, el día de la actuación, mi situación financiera no había cambiado. En mi cartera había exactamente un dólar y treinta y siete centavos. Comprendía que necesitaba utilizar el dólar para adquirir gasolina para mi automóvil, lo que me dejaría con treinta y siete centavos. Sin embargo, sabía que había dormido fielmente en el sentimiento de estar presente en esa actuación, así que opté por vestirme para el teatro. Mientras cambiaba los artículos de un bolso a otro, encontré un billete de un dólar y cuarenta y cinco centavos ocultos en el bolsillo de mi poco usada cartera de ópera. Una sonrisa se dibujó en mi rostro, consciente de que había obtenido el dinero necesario para la gasolina; además, tendría el saldo requerido para mi boleto al teatro. Con una actitud jubilosa, culminé mi preparación y me dirigí al teatro.

De pie frente a la ventanilla, mi confianza comenzó a tambalear al examinar los precios: tres dólares con setenta y cinco centavos para asientos de orquesta. Con una sensación de consternación, di media vuelta apresuradamente y marché por la calle hacia una cafetería para disfrutar de una taza de té. Tras gastar dieciséis centavos en el té, recordé que había visto el precio de los asientos de balcón en la lista de precios en la ventanilla. Rápidamente, conté mi cambio y descubrí que aún disponía de un dólar y sesenta y seis centavos. Regresé corriendo al teatro y adquirí el asiento más económico disponible por un dólar y cincuenta y cinco centavos. Con una moneda de diez centavos en mi bolso, crucé el umbral de la entrada y el acomodador rasgó mi boleto, diciendo: "Arriba, a la izquierda, por favor". La actuación estaba a punto de comenzar, pero haciendo caso omiso de las instrucciones del acomodador, me dirigí al baño de damas en el nivel principal. Todavía decidida a sentarme en la sección de orquesta, me senté, cerré los ojos y mantuve mi 'visión' interior fija en el escenario desde la dirección de la orquesta. En ese momento, un grupo de mujeres ingresó al baño, todas hablando al unísono. Sin embargo, solo pude escuchar la conversación de una mujer que compartía con su amiga:

"Pero esperé y esperé, hasta el último momento. Entonces ella llamó y dijo que no podía venir. Yo habría regalado su boleto, pero ya es demasiado tarde. Sin darme cuenta, le entregué ambos boletos al acomodador y él los rasgó antes de que pudiera detenerlo".

Casi solté una risa audible. Me levanté y me acerqué a esta señora, preguntándole si podía utilizar el boleto adicional que tenía en lugar del asiento de balcón que había comprado. Ella fue encantadora y amablemente me invitó a acompañarla. El boleto que me proporcionó correspondía a la sección de orquesta, asiento central, a seis filas del escenario. Tomé asiento en ese lugar apenas momentos antes de que el telón se alzara, en una representación que había presenciado la noche anterior desde ese mismo asiento, en mi imaginación».

—J.R.

En realidad, debemos Ser en la imaginación. Existe una diferencia entre pensar en el final y pensar desde el final. Pensar desde el final, representar el final, es crear la realidad. Las acciones internas deben alinearse con las acciones que tomaríamos físicamente si las circunstancias fueran como quisiéramos que fuesen. Para vivir de manera sabia, es crucial que estemos conscientes de nuestra actividad imaginativa y nos aseguremos de que esté conformando fielmente el final que deseamos. El mundo es como arcilla; nuestra imaginación es el alfarero. Siempre debemos imaginar fines que sean valiosos o que prometan el bien. "El que desea, pero no actúa, engendra la peste". Lo que se hace, fluye de lo que se imagina. Las formas exteriores revelan las imaginaciones del individuo.

«Dirijo un pequeño negocio de propiedad exclusiva, y hace unos años parecía que mi empresa terminaría en el fracaso. Durante algunos meses, las ventas habían estado cayendo constantemente, llevándome a una situación financiera crítica, junto con miles de otros pequeños empresarios, ya que este período abarcó una de las pequeñas recesiones de nuestro país. Mi deuda se acumulaba y necesitaba con urgencia al menos tres mil dólares. Los auditores me aconsejaron cerrar el negocio y tratar de salvar lo que pudiera. Sin embargo, en lugar de hacer eso, me dirigí a mi imaginación. Conocía tus enseñanzas, pero nunca las había puesto en práctica para resolver un problema. Debo admitir que era escéptico sobre la idea de que la imaginación pudiera moldear la realidad, pero la desesperación me llevó a poner tus enseñanzas a prueba. Imaginé que mi oficina recibía un pago inesperado de cuatro mil dólares. Debía provenir de nuevos pedidos, ya que nuestras cuentas por cobrar eran prácticamente inexistentes. Esto parecía poco realista, puesto que nuestras ventas en los últimos cuatro meses habían sido mínimas. A pesar de ello, durante tres días mantuve constantemente la imagen de recibir esa suma.

A primera hora de la cuarta mañana, recibí una llamada de un cliente con el que no había tenido contacto en meses. Me pidió que fuera a verlo personalmente para discutir una cotización que le había proporcionado previamente por una maquinaria que necesitaba para su fábrica. Aunque la cotización había sido hecha meses atrás, la recuperé y fui a su oficina el mismo día. Generé la orden, la cual él firmó, pero en ese momento no vi

113

ninguna ayuda inmediata, ya que la entrega de la maquinaria tomaría de cuatro a seis meses y el pago no se realizaría hasta entonces.

Le agradecí la orden y me preparé para salir. Sin embargo, me detuvo en la puerta y me entregó un cheque por poco más de cuatro mil dólares, diciendo: "Quiero pagar por adelantado, por motivos fiscales, ¿te parece bien?". "No tengo problema", respondí.

En el momento en que tomé ese cheque en mis manos, me di cuenta de lo que había sucedido. En tan solo tres días, mi imaginación había logrado lo que no había podido conseguir en meses de dificultades financieras. Ahora sé que esa misma facultad imaginativa podría haber traído cuarenta mil dólares a mi negocio con la misma facilidad que los cuatro mil».

—L.N.C.

*"Oh Señor, tú eres nuestro padre, nosotros el barro, y tú nuestro alfarero; obra de tus manos somos todos nosotros".*

# CAPÍTULO 12

# ACTITUDES

*Las cosas mentales son las auténticas realidades; lo que
llamamos corporal carece de una ubicación precisa:
reside en la ilusión y su existencia es una construcción
artificial. ¿Dónde podemos hallar la existencia fuera de
la mente o del pensamiento? ¿Dónde sino en la mente de
un ignorante?*
—Blake.

La memoria, aunque defectuosa, es adecuada para
mantener la coherencia. Al recordar a alguien tal como lo
conocimos, lo recreamos en esa imagen, y el pasado se
fusiona con el presente. Imaginar crea la realidad. Si
existe espacio para mejorar, deberíamos reconstruirlo con
nuevo contenido; visualizarlo como nos gustaría que
fuera, en lugar de permitir que sostenga el peso de
nuestros recuerdos pasados.

Cualquier cosa en la que se pueda creer es una
representación de la verdad.

La siguiente historia proviene de alguien que sostiene la creencia de que la imaginación crea la realidad, y cómo al actuar según esta creencia cambió su actitud hacia un extraño, siendo testigo de este cambio manifestado en la realidad.

«Hace más de dos décadas, cuando era un campesino recién llegado a Boston para estudiar, un mendigo me solicitó dinero para comida. A pesar de que el dinero que tenía apenas alcanzaba para mis propias necesidades, le di lo que tenía en el bolsillo. Unas horas después, el mismo hombre, ahora visiblemente ebrio, se me acercó nuevamente y me pidió dinero. Me sentí tan indignado al pensar que el poco dinero que tenía había sido usado de esa manera, que me hice una promesa solemne de nunca más ceder ante las súplicas de un mendigo en la calle. A lo largo de los años, mantuve mi promesa, pero cada vez que negaba mi ayuda, mi conciencia me acosaba. Sentía una culpa tan profunda que me causaba un agudo malestar estomacal. No obstante, mi promesa se mantenía firme.

A principios de este año, mientras paseaba a mi perro, un hombre me detuvo y me pidió dinero para comprar comida. Siguiendo mi compromiso anterior, me negué. El hombre aceptó mi negativa con amabilidad. Incluso elogió a mi perro y mencionó conocer a una familia en Nueva York que criaba cocker spaniels. Esta vez mi conciencia estaba realmente remordiéndome. Mientras él continuaba su camino, decidí reconstruir esa escena de manera diferente, tal como hubiera querido que ocurriera.

Me detuve allí mismo en la calle, cerré los ojos por unos instantes y representé la escena de manera diferente. Visualicé al mismo hombre acercándose a mí, pero en esta ocasión, él comenzó la conversación admirando a mi perro. Después de un breve diálogo, le pedí que dijera: "No me gusta tener que hacer esto, pero realmente necesito algo para comer. Comienzo un trabajo mañana por la mañana, pero he estado desempleado y esta noche tengo hambre". Entonces, en mi mente, saqué un billete imaginario de cinco dólares de mi bolsillo y con gusto se lo entregué. Este acto imaginario inmediatamente alivió mi sentimiento de culpa y mi malestar.

A través de tus enseñanzas, comprendo que un acto imaginario es un hecho. Por lo tanto, sabía que podía conceder lo que se me pidiera y, a través de la fe en ese acto imaginario, aceptar su realidad.

Cuatro meses después, mientras caminaba nuevamente con mi perro, el mismo hombre se me acercó y comenzó la conversación elogiando a mi perro.

"Aquí hay un perro hermoso", dijo. "Joven, quizás no me recuerdes, pero hace un tiempo te pedí dinero y, con gran amabilidad, dijiste que no. Menciono 'amabilidad' porque si me hubieras dado dinero, todavía estaría pidiendo en la calle. En lugar de eso, conseguí un trabajo al día siguiente y ahora me encuentro en una posición más sólida. Nuevamente, tengo autoestima".

Sabía que su trabajo era un hecho cuando lo imaginé esa tarde, unos cuatro meses antes, pero no puedo negar que sentir una inmensa satisfacción al verlo en persona, confirmando el cambio que se había manifestado en la realidad».

—F.B.

*"No tengo plata ni oro, pero lo que tengo, te doy"*
*(Hechos 3: 6).*

Nada debe ser descartado, todo merece ser salvado. Nuestra imaginación, remodelando la memoria, es el proceso por el cual se lleva a cabo esta salvación. Condenar a alguien por haber perdido su camino es castigar a los castigados. "Oh, ¿de quién debería compadecerme si no compadezco al pecador que se ha extraviado?" No se trata de cómo era una persona en el pasado, sino de lo que puede llegar a ser en el futuro. Esa debe ser nuestra actividad imaginaria.

*¿Recuerdas a la dulce Alice, Ben Bolt?*
*La dulce Alicia, cuyo cabello era un tono castaño,*
*Quién lloró de alegría ante tu sonrisa,*
*Y tembló de miedo ante tu ceño fruncido.*

Si no imaginamos nada peor de lo que alguien piensa de sí mismo, podría elevarse como un ser excepcional. No se trata solo del individuo en su mejor momento, sino el imaginativo ejerciendo el espíritu de perdón, lo que realiza el milagro. Imaginar con nuevo contenido transformó, tanto al hombre que pidió como al que dio. Hasta el momento, la imaginación no ha obtenido su merecido valor en las doctrinas morales o sistemas educativos. Cuando finalmente se le otorgue su importancia, se producirá "la liberación de los confinados".

Para nosotros, nada adquiere existencia, excepto a través del recuerdo que guardamos de ello. Por lo tanto, deberíamos recordarlo no tal como fue, a menos que fuera totalmente deseable, sino como aspiramos a que sea. Dado que la imaginación es creativa, nuestro recuerdo de los demás puede favorecerlos o perjudicarlos, y hace que su camino ascendente o descendente sea más fácil y más rápido.

No hay un carbón tan extinto que no brille ni queme si ligeramente se le da vuelta.

La siguiente historia muestra que la imaginación puede hacer anillos y esposos, y enviar gente a la China:

«Mi esposo, hijo de padres separados y criado por sus queridos abuelos, nunca fue cercano a su madre, ni ella tampoco a él. Ella, una mujer de sesenta y tres años, había estado divorciada durante treinta y dos años y vivía sola, sumida en amargura. Mi relación con ella se tornó tensa cuando traté de "intermediar". Confesó que anhelaba volver a casarse para tener compañía, pero creía que a su edad eso era imposible. Mi esposo solía decirme que deseaba que su madre encontrara una nueva pareja y, con gran fervor, decía:

"Tal vez podría mudarse lejos de la ciudad".

Yo compartía el mismo deseo y expresé:

"Tal vez podría mudarse a China".

Siendo consciente de mi motivación personal para este deseo, sabía que debía cambiar mi sentimiento hacia ella en mi imaginación y, al mismo tiempo, "darle" lo que ella anhelaba. Comencé a visualizarla en mi mente como una persona completamente transformada: una mujer feliz, radiante, segura y satisfecha en una nueva relación. Cada vez que pensaba en ella, la imaginaba como una mujer "renovada".

Unas tres semanas después, ella nos visitó y trajo consigo a un amigo que había conocido meses atrás. Él había quedado viudo recientemente, tenía la misma edad que ella, estaba financieramente estable, tenía hijos adultos y nietos. Nos agradó su compañía y yo me emocioné al ver que había química entre ellos. Sin embargo, mi esposo aún pensaba que era una idea imposible. Pero no lo era.

Desde ese día en adelante, cada vez que su imagen cruzaba mi mente, la veía extendiendo su mano izquierda hacia mí y yo admiraba el 'anillo' en su dedo. Un mes después, ella y su amigo vinieron de visita y, mientras nos saludábamos, extendió orgullosamente su mano izquierda. El anillo brillaba en su dedo.

Dos semanas después, se casaron y no los hemos vuelto a ver desde entonces. Ahora vive en una casa nueva, "lejos de la ciudad". Dado que a su nuevo esposo no le agrada el largo viaje hasta nuestra casa, bien podría haberse mudado a China».

—J.B.

Hay una gran diferencia entre la voluntad de resistir una actividad y la decisión de cambiarla. Quien opta por cambiar una actividad está actuando, mientras que quien resiste una actividad simplemente reacciona. Uno crea; el otro perpetúa.

La realidad no es más que los patrones imaginativos que construimos a partir de ella. La memoria, al igual que el deseo, se asemeja a un sueño lúcido. ¿Por qué convertirlo en una pesadilla? Uno solo puede perdonar si considera la memoria como un sueño lúcido y la adapta al anhelo de su corazón. R.K. aprendió que podemos arrebatar a otros sus capacidades a través de nuestras actitudes hacia ellos. Al cambiar su actitud, cambió el resultado.

«Aunque no me dedico a prestar dinero ni a inversiones, un amigo y conocido de negocios vino a pedirme un préstamo sustancial para expandir su negocio. Dada nuestra relación personal, le otorgué el préstamo con tasas de interés justas y le otorgué el derecho de renovación después de un año. Al finalizar ese primer año, estaba atrasado en el pago de intereses y solicitó una extensión de treinta días. Concedí esta solicitud, pero al cabo de los treinta días, aún no podía cumplir con el pagaré y pidió otra extensión.

Como dije anteriormente, no estoy en el negocio de prestar dinero. Dentro de veinte días necesitaba el pago completo del préstamo para cumplir con mis propias deudas. A pesar de esto, accedí nuevamente a extender el plazo, aunque mi propio crédito estaba ahora en grave riesgo. Lo natural habría sido recurrir a medidas legales para cobrar, lo que habría hecho hace unos años. Sin embargo, recordé tu advertencia sobre "no robar a otros su capacidad", y me di cuenta de que había estado robando a mi amigo su capacidad de pagar lo que debía.

Durante tres noches construí una escena en mi imaginación en la que escuchaba a mi amigo decirme que órdenes inesperadas habían inundado su escritorio, tan rápidamente, que ahora podía pagar el préstamo en su totalidad. El cuarto día recibí una llamada telefónica suya. Me comentó que, lo que él llamaba un "milagro", había traído numerosas órdenes grandes, y que ahora podía pagar la totalidad del préstamo, incluidos los intereses pendientes. De hecho, me había enviado un cheque por el monto total».

—R.K.

La distinción entre imaginar y el estado imaginado es fundamental en el secreto de la imaginación. Solo las cosas mentales son reales. "Todo lo que puede ser creído es una imagen de la verdad".

# CAPÍTULO 13

# TRIVIALIDADES

*El conocimiento general es un conocimiento remoto; la verdadera sabiduría y felicidad residen en los detalles particulares.*
—Blake.

Utilizamos nuestra imaginación para lograr objetivos específicos, incluso si esos objetivos pueden parecer triviales. Debido a que las personas a menudo no definen ni imaginan claramente sus objetivos particulares, los resultados tienden a ser inciertos, aunque podrían ser perfectamente claros. Imaginar objetivos específicos implica una discriminación clara.

*"¿Cómo distinguimos el roble de la haya? ¿El caballo del buey, sino por el contorno delimitador?"*

A través de límites definidos diferenciamos y entendemos la realidad de las cosas particulares en contraste con las generalidades sin forma que inundan la mente.

La vida en la Tierra se puede considerar como un jardín de infancia para la creación de imágenes. La magnitud o insignificancia del objeto a crear no es importante en sí mismo. Como dijo Blake:

*La gran regla de oro tanto para el arte como para la vida es esta: cuanto más distintivo, agudo y claro sea el contorno, más perfecta será la obra de arte; y cuanto menos agudo y marcado sea, mayor será la evidencia de una débil imitación. ¿Qué es lo que construye una casa y planta un jardín, sino el contorno definido y determinado?... Deja de lado esta línea y dejas fuera la vida misma.*

Las siguientes historias se refieren a la adquisición de cosas triviales, aparentemente pequeñas, o 'juguetes' como yo los llamo, pero son importantes debido a las claras visiones imaginarias que crearon los juguetes.

La autora de la primera historia es una persona que, según se dice, "lo tiene todo". Esto es verdad. Posee seguridad financiera, estabilidad social e intelectual. Ella escribe:

«Como sabes, a través de tus enseñanzas y mi práctica de ellas, he transformado por completo mi vida y a mí misma. Hace unas semanas, cuando hablabas de 'juguetes', me di cuenta de que nunca había utilizado mi imaginación para obtener cosas y decidí que sería divertido intentarlo. Mencionaste a una joven a la que le regalaron un sombrero simplemente por usar ese sombrero en su imaginación. Lo último en la tierra que necesitaba era un sombrero, pero quería probar mi imaginación para "conseguir cosas", así que seleccioné un sombrero que se mostraba en una revista de moda. Recorté la imagen y la coloqué en el espejo de mi tocador. La estudié detenidamente. Luego cerré los ojos y, en mi imaginación, me coloqué ese sombrero en la cabeza y lo usé mientras salía de la casa. Solo lo hice una vez.

La semana siguiente me encontré con algunas amigas para almorzar, y una de ellas llevaba puesto 'el sombrero'. Todas lo admiramos. Al día siguiente, recibí un paquete por mensajería de entrega especial. Era "el sombrero". La amiga que lo llevó el día anterior me lo había enviado con una nota que decía que no estaba particularmente interesada en el sombrero y no sabía por qué lo había comprado, pero de alguna manera pensó que me quedaría bien, y que por favor lo aceptara».

—G.L.

El movimiento de los "sueños a las cosas" es el poder que impulsa a la humanidad. "Debemos vivir totalmente en el nivel de la imaginación. Y debe ser tomada consciente y deliberadamente".

«Toda mi vida me han gustado los pájaros. Disfruto observándolos, escuchando sus trinos, alimentándolos, y, en particular, siento afinidad por el pequeño gorrión. Durante muchos meses, los he alimentado con migajas de pan matutino, semillas para aves silvestres y cualquier bocado que creyera sería de su gusto. A lo largo de estos meses, he sentido frustración al constatar cómo las aves más grandes, especialmente las palomas, dominan el territorio, devorando la mayor parte de las semillas buenas y dejando las cáscaras para mis gorriones.

Utilizar mi imaginación en este problema me pareció gracioso al principio, pero cuanto más pensé en ello, más interesante se volvió la idea. Una noche, decidí 'visualizar' a los pequeños pajaritos disfrutando plenamente de las ofrendas diarias, mientras le contaba a mi esposa que las palomas ya no interferían con mis gorriones, sino que tomaban su parte como 'caballeros' y luego abandonaban el área. Continué esta acción imaginaria durante casi un mes. Una mañana, advertí que las palomas habían desaparecido. Durante unos cuantos días, los gorriones desayunaron solos; en este período, ningún pájaro más grande entró en el área. Eventualmente, las aves grandes regresaron, pero desde entonces, jamás han vuelto a invadir el espacio ocupado por mis gorriones. Permanecen juntos, comiendo lo que pongo para ellos, y ceden por completo una porción del área a mis pequeños amigos. Sabes, realmente creo que los gorriones entienden; ya no parecen tener miedo cuando yo camino entre ellos»

—R.K.

Esta historia demuestra que, a menos que nuestro corazón se involucre en la tarea, a menos que nos imaginemos a nosotros mismos en el sentimiento del deseo cumplido, no estamos allí. Nosotros somos todo imaginación y debemos estar donde está la imaginación y lo que somos en la imaginación.

«A principios de febrero, mi esposo y yo llevábamos un mes en nuestra casa nueva; un hogar más que encantador, situado en una colina con el océano como nuestro patio delantero, el viento y cielo como vecinos, y las gaviotas como invitados. Estábamos encantados. Si has experimentado la alegría y el desgaste de construir tu propia casa, comprendes que te inundas de felicidad mientras tu billetera queda exhausta. Un sinfín de objetos importantes demandaban ser adquiridos para el hogar, pero lo que ansiábamos en mayor medida era lo menos imprescindible: un cuadro. Pero no cualquier cuadro, sino una pintura magnífica que capturara la grandeza del mar dominado por un majestuoso clíper blanco. Este cuadro había ocupado nuestros pensamientos durante todo el proceso de construcción, y reservamos un tramo de la pared de la sala de estar sin revestir para darle su lugar. Mi esposo fijó faroles decorativos en tonos rojos y verdes en la pared, enmarcando así nuestro cuadro imaginario, aunque la obra en sí debía esperar. Cortinas, alfombras y todos los elementos prácticos tenían prioridad. Tal vez era lo correcto, sin embargo, ello no impidió que ninguno de nosotros dos visualizara, en la esfera de nuestra imaginación, ese cuadro en la pared.

Un día, mientras estaba de compras, entré a una pequeña galería de arte. Al cruzar el umbral, me detuve bruscamente, lo que ocasionó que un caballero que iba detrás de mí chocara contra un caballete. Me disculpé y señalé un cuadro colgado a la altura de la cabeza, al otro lado de la sala. "¡Nunca había visto algo tan maravilloso!" El hombre se presentó como el propietario de la galería y dijo: "Sí, es una obra original del mejor pintor inglés de Naves Clipper que el mundo haya conocido".

Él continuó contándome sobre el artista, pero yo no estaba escuchando. No podía apartar mis ojos de ese maravilloso barco. De pronto, experimenté algo inusual, fue solo un instante en el tiempo, pero la galería de arte pareció desvanecerse y 'vi' esa imagen en mi pared. Temo que el propietario pudo haber pensado que me sentía un tanto mareada, y en cierto modo lo estaba, sin embargo, finalmente logré regresar mi atención a su voz cuando mencionó un precio astronómico. Le sonreí y respondí:

"Tal vez algún día" ...

Él continuó hablándome sobre el pintor y también sobre un artista estadounidense, el único litógrafo vivo, capaz de replicar al gran maestro inglés. Él dijo:

"Si tienes mucha suerte, podrías adquirir una de sus réplicas. He visto su trabajo. Es perfecto en cada detalle. Muchos prefieren las reproducciones a las pinturas originales".

"Reproducción o pintura", desconocía por completo los valores de ambos, y de todas formas, lo único que deseaba era aquel cuadro.

Cuando mi esposo volvió a casa esa noche, no hice más que hablar de esa pintura y le supliqué que visitara la galería para que la viera.

"Tal vez podríamos encontrar una reproducción en algún lugar; el hombre me dijo que..."

"Sí" —interrumpió él— "pero sabes que no podemos permitirnos un cuadro en este momento".

Nuestra conversación concluyó allí, pero esa noche, después de la cena, me quedé de pie en nuestra sala de estar y "vi" ese cuadro en nuestra pared.

Al día siguiente, mi esposo tenía una cita con un cliente que no quería mantener, pero la cita se mantuvo. Mi esposo no regresó a casa, sino hasta después de oscurecer. Cuando entró por la puerta principal, yo estaba ocupada en otra parte de la casa y le saludé desde allí. Unos minutos después, escuché el sonido de martilleo y entré en la sala de estar para averiguar lo que estaba ocurriendo. Ahí estaba, en nuestra pared, mi cuadro. En ese primer momento de intensa alegría, recordé al hombre en la galería de arte diciendo: "Si tienes mucha suerte, puedes adquirir una de sus réplicas". ¿Suerte?

Bueno, aquí está la parte de mi esposo en esta historia: Manteniendo la cita mencionada anteriormente, él entró en una de las casas más modestas y humildes que había visitado. El cliente lo recibió y lo condujo a un pequeño comedor oscuro, donde ambos se sentaron a una mesa vacía. Cuando mi esposo colocó su maletín en la mesa, alzó la vista y vio el cuadro en la pared. Él me confesó que había llevado a cabo la entrevista de manera descuidada, ya que no podía apartar la mirada del cuadro. El cliente firmó el contrato y entregó un cheque como pago inicial, que mi esposo creía que estaba diez dólares por debajo de la cantidad acordada. Al mencionar esto al cliente, él respondió que el cheque era todo lo que podía permitirse, pero agregó: "He notado tu interés en ese cuadro. Estaba aquí cuando tomé este lugar. No sé de quién era, pero no lo quiero. Si agregas los diez dólares por mí, el cuadro es tuyo".

Cuando mi esposo regresó a la oficina central de su compañía, se dio cuenta de que había estado equivocado sobre la cantidad. El cheque no tenía diez dólares menos. Nuestro cuadro ahora cuelga en nuestra pared. Y no nos costó nada».

—A. A.

Respecto a R. L., quien escribió la siguiente carta, se debe señalar:

*"En la fe, señora, reside un corazón alegre"*
(William Shakespeare, "Mucho ruido y pocas nueces").

«Un día, durante una huelga de autobuses, me vi obligada a dirigirme al centro de la ciudad. Debía caminar diez cuadras desde mi casa hasta el autobús más cercano que estaba en funcionamiento. Antes de regresar a casa, me di cuenta de que en esta nueva ruta no había ningún mercado y que no podría comprar la cena. Tenía suficiente para manejar 'con suerte' una comida, pero necesitaría pan. Después de todo un día de compras, las diez cuadras de la ruta de autobús eran todo lo que podía caminar. Ir más lejos para comprar pan estaba fuera de consideración.

Permanecí inmóvil por un momento y permití que una imagen del pan "danzara en mi cabeza". Luego me puse en marcha para regresar a casa. Al abordar el autobús estaba tan cansada que tomé el primer asiento disponible y casi me senté sobre una bolsa de papel. Por lo general, en un autobús lleno de pasajeros agotados, la gente no se mira directamente, por lo que, movida por la curiosidad natural, eché un vistazo dentro de la bolsa. Por supuesto, encontré una barra de pan, no cualquier pan, sino de la misma marca que siempre compro».

—R.L.

Detalles, todos detalles, pero generaron estas invaluables trivialidades. La imaginación logra estas cosas sin los medios que generalmente se consideran necesarios para lograrlas. El individuo valora la riqueza de una manera que no guarda relación con los valores reales.

*"Ven, compra vino y leche sin dinero y sin costo*
*alguno"*
*(Isaías. 55: 1).*

# CAPÍTULO 14

# EL MOMENTO CREATIVO

*El hombre natural no percibe las cosas que son del*
*Espíritu de Dios, porque para él son locura, y no las*
*puede entender, porque se han de discernir*
*espiritualmente.*
*(1 Corintios 2:14)*

*Cada día contiene un momento que Satanás no puede*
*encontrar, ni sus demonios tampoco, pero el hombre*
*laborioso puede encontrar este momento y multiplicarlo.*
*Una vez encontrado, renueva cada momento del día si*
*es colocado correctamente.*
—Blake.

Cada vez que imaginamos las cosas como deberían ser, en lugar de como parecen ser, experimentamos "El momento." Porque en ese momento el trabajo del ser espiritual se completa, y todos los grandes acontecimientos del tiempo empiezan a moldear un mundo en armonía con el patrón alterado de ese momento.

Blake escribe: "Satanás es un 'reactor'. Nunca actúa; solo reacciona". Y si nuestra actitud hacia los acontecimientos del día es 'reactiva', ¿no estamos actuando el papel de Satanás? El individuo solo está reaccionando en su estado natural o de satanás; nunca actúa o crea, solo reacciona o recrea. Un auténtico momento creativo, un sentimiento real del deseo cumplido, vale más que toda la vida natural de la reacción. En tal momento se realiza la obra de Dios. Una vez más, podemos decir con Blake: "Dios solamente actúa y se encuentra en personas o seres existentes".

Existe un pasado imaginario y un futuro imaginario. Si, al reaccionar, recreamos el pasado en el presente, entonces, al actuar sobre nuestros sueños de fantasía, podemos traer el futuro al presente. "Siento el futuro ahora mismo, en este instante".

El ser espiritual actúa, pues cualquier cosa que desee hacer, puede hacerla y la lleva a cabo de inmediato, en su imaginación. Su lema siempre es: "El momento es ahora".

*"He aquí, ahora es el tiempo aceptable; he aquí, ahora*
*es el día de salvación"*
*(2 Corintios 6: 2).*

Nada se interpone entre el individuo y la realización de su sueño, excepto los hechos; y los hechos son creaciones de la imaginación. Si cambia su imaginación, cambiarán los hechos.

La siguiente historia narra cómo una joven mujer encontró el Momento y, al actuar sobre su sueño de fantasía, trajo el futuro al presente, sin darse cuenta de lo que había logrado hasta el desenlace final.

«El incidente que voy a relatar puede parecer una coincidencia para aquellos que no han sido expuestos a tus enseñanzas, pero estoy segura de que presencié un acto de imaginación que se solidificó en cuestión de minutos, tal vez en unos cuatro. Creo que te interesará leer este informe, redactado exactamente como ocurrió, poco después del acontecimiento real ayer por la mañana.

Conducía mi automóvil hacia el este por 'Sunset Boulevard', en el carril central del tráfico, frenando gradualmente para detenerme en un semáforo en rojo en una intersección de tres vías. En ese momento, mi atención se centró en una anciana vestida de gris que corría por la calle delante de mi auto. Alzó su brazo, indicando al conductor de un autobús que comenzaba a alejarse de la acera. Era evidente que estaba tratando de cruzar frente al autobús para detenerlo. El conductor redujo la velocidad y pensé que la dejaría pasar. Sin embargo, mientras ella saltaba a la acera, el autobús arrancó, dejándola parada justo en el momento de bajar su brazo. Ella se dio la vuelta y caminó rápidamente hacia una cabina telefónica cercana.

Cuando el semáforo cambió a verde y comencé a mover mi auto, deseé haber estado detrás del autobús para poder ofrecer llevarla. Su extrema agitación era evidente, incluso desde la distancia que nos separaba. Mi deseo se cumplió instantáneamente en un drama mental. Mientras me alejaba, la fantasía se desarrollaba en la siguiente escena: "Abrí la puerta del auto y una señora vestida de gris entró, sonriendo aliviada y muy agradecida. Estaba sin aliento por haber corrido y dijo: 'Solo tengo que ir unas pocas cuadras. Me encontraré con unos amigos y temía que se fueran sin mí después de perder mi autobús'. Dejé a mi dama imaginaria un par de cuadras más adelante, deleitándome al observar que sus amigos aún la esperaban. Agradeció nuevamente y se alejó".

Toda esta escena mental transcurrió en el tiempo que lleva recorrer una cuadra a velocidad normal. La fantasía tranquilizó mis sentimientos sobre el incidente 'real', e inmediatamente lo olvidé. Cuatro cuadras después, aun en el carril central, me detuve nuevamente debido a un semáforo en rojo. Mi atención estaba enfocada en algo interno que ahora no puedo recordar, cuando de repente alguien golpeó la ventana cerrada de mi auto. Al mirar, vi a una encantadora anciana de cabello gris, toda vestida de gris, sonriente y preguntando si podría llevarla unas cuantas cuadras, ya que había perdido su autobús. Estaba sin aliento, como si hubiera estado corriendo. Sorprendida por su repentina aparición en mi ventana en medio del ajetreo de la calle, inicialmente solo pude reaccionar físicamente. Incliné la cabeza y abrí la puerta de mi auto. Ella se subió y explicó: "Es bastante frustrante correr tanto y luego perder un autobús. No te hubiera molestado, pero tenía que reunirme con unos amigos unas cuantas cuadras más abajo. Si tengo que caminar, no llegaré a tiempo".

Seis cuadras más adelante, exclamó: "Oh, ¡qué bien! Todavía me están esperando".

La dejé salir y me agradeció nuevamente antes de alejarse.

135

Admito que conduje hasta mi destino en piloto automático, ya que había reconocido completamente que acababa de ser testigo de un sueño despierto que se había manifestado en acción física. Reconocí lo que estaba ocurriendo mientras sucedía. En cuanto tuve oportunidad, escribí cada aspecto del incidente y encontré una sorprendente consistencia entre el 'sueño despierto' y la posterior 'realidad'. Ambas mujeres eran ancianas, gentiles y vestían completamente de gris. Estaban sin aliento debido a la prisa por alcanzar un autobús y perderlo. Ambas deseaban reunirse con amigos que, por alguna razón, no podían esperar más. Ambas dejaron mi auto a unas pocas cuadras de distancia después de completar exitosamente su encuentro con sus amigos. ¡Quedé atónita, perpleja y maravillada. Si no hay tal cosa como una coincidencia o un accidente, entonces fui testigo de cómo la imaginación se transformó en "realidad" casi instantáneamente».

—J.R.B.

*Cada día contiene un momento que Satanás no puede encontrar, ni sus demonios tampoco, pero el hombre laborioso puede encontrar este momento y multiplicarlo. Una vez encontrado, renueva cada momento del día si es colocado correctamente.*
—Blake.

«Desde la primera vez que leí tu experiencia en "La Búsqueda", había anhelado experimentar una visión. Mi deseo por experimentar esto se intensificó desde que nos hablaste sobre la 'Promesa'. Quiero compartir contigo la visión que tuve, la cual fue una gloriosa respuesta a mis oraciones. Sin embargo, estoy seguro de que esta experiencia no habría ocurrido si no fuera por algo que sucedió hace dos semanas.

Tuve que estacionar mi automóvil a cierta distancia del edificio de la Universidad donde tenía programado impartir mi clase. Al salir del auto, percibí una tranquilidad a mi alrededor. La calle estaba completamente desierta; no había nadie a la vista. De repente, escuché una espantosa voz maldiciendo. Volteé hacia el sonido y vi a un hombre agitando un bastón, gritando entre palabras soeces: "Te mataré. Te mataré".

Continué avanzando mientras él se acercaba a mí. En ese momento, pensé: "Ahora puedo poner a prueba lo que he afirmado creer; si realmente creo que somos uno —el Padre, este hombre desamparado y yo— ningún mal puede sobrevenirme".

En ese instante, no sentí miedo alguno. En lugar de ver a un hombre acercándose hacia mí, percibí una luz. El hombre dejó de gritar, soltó el bastón y avanzó en silencio mientras pasamos a una distancia de menos de treinta centímetros entre nosotros.

Haber puesto a prueba mi fe en ese momento cambió mi perspectiva. Todo a mi alrededor parecía más vivo que antes: las flores más brillantes y los árboles más verdes. Experimenté un profundo sentimiento de paz y unidad con la vida que no había experimentado antes.

El viernes pasado, manejé hasta nuestra casa de campo. No hubo nada inusual durante el día ni la noche. Trabajé en un manuscrito y, dado que no me sentía cansado, no intenté dormir hasta alrededor de las dos de la madrugada. Entonces apagué la luz y me dejé llevar por esa sensación de ensoñación, no completamente dormido, sino en un estado de somnolencia, medio despierto y medio dormido, como lo describo. En este estado, a menudo aparecen ante mí encantadores rostros desconocidos. Pero esta vez, la experiencia fue distinta. Un rostro perfecto de un niño se materializó ante mí en perfil, luego giró y me sonrió. Emitía una luz brillante que parecía llenar mi propia mente con luz. Me sentía radiante y emocionado, y pensé: "Este debe ser el Cristo". Sin embargo, algo dentro de mí, sin emitir sonido, me dijo: "No, este eres tú". Siento que nunca volveré a ser la misma persona y que en algún momento podré experimentar la Promesa».

—G.B.

Nuestros sueños se harán realidad desde el momento en que comprendamos que la imaginación crea la realidad y toma acción. Sin embargo, la imaginación busca algo mucho más profundo y esencial en nosotros que simplemente crear cosas: busca el reconocimiento de su propia unidad con Dios. Lo que hace en realidad es Dios mismo actuando en el individuo y a través de él, que es Todo Imaginación.

# LA PROMESA

## Cuatro Experiencias Místicas

En todo lo que he relatado hasta ahora, con la excepción de la visión del niño de G.B., la imaginación fue ejercida conscientemente. Hombres y mujeres crearon escenas en su imaginación que implicaban el cumplimiento de sus deseos. Luego, al imaginarse ellos mismos participando en estos dramas, dieron vida a lo que sus actos mentales sugerían. Este es un uso sabio de la ley de Dios. Sin embargo:

> *"Nadie es justificado ante Dios por la Ley"*
> *(Gálatas 3.11).*

Muchas personas se interesan en 'imaginar' como un modo de vida, pero no están interesadas en absoluto en el marco de fe que conduce al cumplimiento de la promesa de Dios.

139

*"Voy a levantar a tu descendiente después de ti, el cual saldrá de tus entrañas... Yo seré Padre para él, y él será hijo para mí"*
*(2 Samuel 7: 12-14).*

A ellos no les importa la promesa de que Dios sacará de nuestro cuerpo un hijo que "no nacerá de sangre, ni de la voluntad de la carne, ni de la voluntad del hombre, sino de Dios". Ellos buscan entender la ley de Dios, pero no su promesa. Sin embargo, este milagroso nacimiento se ha proclamado como una necesidad para toda la humanidad desde los primeros días de la comunión cristiana. "Deben nacer de nuevo".

Mi intención aquí es reiterar esta verdad y expresarla de manera tal que, a través de mis propias experiencias místicas personales, los lectores puedan apreciar que este "nacer de nuevo" va más allá de ser una parte desechable de una estructura más grande; en cambio, es el único propósito de la Creación de Dios.

Específicamente, mi objetivo al relatar estas cuatro experiencias místicas es mostrar lo que "Jesucristo, el testigo fiel, el primogénito de los muertos" (Apocalipsis 1- 5) quiso comunicar acerca de este nacer de nuevo.

*"¿Cómo predicarán si no son enviados?"*
*(Romanos 10:15).*

Hace muchos años, fui transportado espiritualmente a una Sociedad Divina, una Sociedad de hombres en quienes Dios está completamente despierto. Aunque pueda parecer extraño, los dioses realmente se reúnen. Al entrar en esta sociedad, el primero en saludarme fue la encarnación del Poder infinito. Su poder era desconocido para los mortales. Posteriormente, fui llevado a conocer al Amor infinito. Me preguntó: "¿Cuál es la cosa más grande del mundo?" Yo le respondí con las palabras de Pablo: "Fe, esperanza y amor, estos tres; pero el más grande de estos es el amor". En ese momento, me abrazó y nuestros cuerpos se fusionaron y se convirtieron en un solo cuerpo. Yo estaba unido a él y lo amaba como a mi propia alma. Las palabras, "amor de Dios", tan a menudo simples expresiones, se convirtieron en una realidad con un profundo significado. Nada imaginado por el individuo podría igualar jamás este amor experimentado a través de la unión con el Amor. Las relaciones más íntimas en la Tierra son como vivir en celdas separadas en comparación con esta unión.

En medio de este supremo deleite, una voz desde el espacio exclamó: "¡Abajo con los de sangre azul"!. En ese instante, me encontré de pie frente al que primero me saludó, el que personificaba el Poder Infinito. Me miró a los ojos y sin usar palabras ni boca, escuché lo que me transmitía: "Es hora de actuar".

Repentinamente, fui sacado de esta Sociedad Divina y regresé a la tierra. Me atormentaba la limitación de mi entendimiento, pero sabía que en ese día, la Sociedad Divina me había elegido como compañero y me había enviado a predicar a Cristo, la promesa de Dios para el individuo.

Mis experiencias místicas me han llevado a aceptar, literalmente, el dicho de que todo el mundo es un escenario, y creer que Dios interpreta todos los papeles.

¿Cuál es el propósito de esta obra? Transformar al individuo, lo creado, en Dios, el creador. Dios amó al individuo, lo creado, y se convirtió en él con la fe de que este acto de autoentrega transformaría al individuo, lo creado, en Dios, el creador. La obra empieza con la crucifixión de Dios en la humanidad, asumiendo forma humana, y termina con la resurrección del ser humano, como Dios. Dios se encarnó como nosotros, para que nosotros seamos como Él. Dios se convierte en persona para que la persona pueda, primero, convertirse en un ser vivo, y segundo, en un espíritu vivificante que da vida.

*He sido crucificado con Cristo; y ya no soy yo quien*
*vive, sino que Cristo vive en mí, y la vida que ahora vivo*
*en la carne, la vivo por fe en el Hijo de Dios, el cual me*
*amó y se entregó a sí mismo por mí.*
*(Gálatas 2:20)*

Dios tomó la forma humana y se hizo obediente hasta la muerte, incluso la muerte en cruz, siendo crucificado en el Gólgota, el cráneo humano. Dios mismo entró en la puerta de la muerte, el cráneo humano, y se recostó en la tumba del individuo para transformar al individuo en un ser vivo. La misericordia de Dios convirtió la muerte en un sueño, dando inicio a una metamorfosis asombrosa y extraordinaria del individuo, la transformación del individuo en Dios.

Sin la ayuda de la crucifixión de Dios, nadie podría cruzar el umbral hacia la vida consciente, pero ahora tenemos unión con Dios en su ser crucificado. Él vive en nosotros como nuestra maravillosa imaginación humana.

*El hombre es todo imaginación, y Dios es el hombre,*
*existiendo en nosotros y nosotros en Él. El cuerpo*
*eterno del hombre es la imaginación, esto es, Dios*
*mismo.*
—Blake.

Cuando él se levante en nosotros seremos como él y él será como nosotros. En ese momento, todas las imposibilidades se desvanecerán en nosotros con ese toque de exaltación que su levantamiento impartirá a nuestra naturaleza.

Aquí radica el secreto del mundo: Dios murió para dar vida al individuo y para liberarlo. Sin embargo, aunque Dios está claramente consciente de su creación, esto no significa que el individuo, creado imaginativamente, sea consciente de Dios. Para llevar a cabo este milagro, Dios tuvo que morir y luego resucitar como ser humano. Nadie lo ha expresado de manera más clara que William Blake, quien hace que Jesús diga:

"*A menos que muera, no puedes vivir, pero si muero, me*
*levantaré otra vez y tú conmigo. ¿Amarías a alguien que*
*nunca murió por ti, o alguna vez morirías por alguien*
*que no murió por ti? Y si Dios no muere por el hombre y*
*no se entrega eternamente por él, el hombre no podría*
*existir*".

Entonces, Dios muere, es decir, Dios se ha entregado libremente por el ser humano. Deliberadamente, toma la forma humana y se olvida de ser Dios, con la esperanza de que el ser, que ha sido creado, eventualmente se levantará como Dios. Dios se ha entregado a sí mismo tan completamente, que en la cruz del individuo clama: "Dios mío, Dios mío; ¿por qué has me has abandonado?" Ha olvidado completamente que es Dios. Pero cuando Dios resucita en una persona, esa persona dirá a sus compañeros: "¿Por qué estamos aquí temblando y pidiendo ayuda a Dios, cuando deberíamos buscar dentro de nosotros mismos, donde Dios mora?".

Este primer ser humano que resucita de entre los muertos es conocido como Jesucristo, los primeros frutos de aquellos que han dormido, el primogénito de entre los muertos. Dios murió por el ser humano, y ahora, a través de un ser humano, ha llegado la resurrección de los muertos. Jesucristo resucita a su Padre muerto al convertirse en su Padre. En Adán —el hombre universal— Dios duerme. En Jesucristo —el Dios individualizado— Dios despierta. Al despertar, el individuo, el ser creado, se convierte en Dios, el Creador, y verdaderamente puede decir: "Antes de que el mundo fuera, Yo Soy". Así como Dios, en su amor por el individuo, se identificó tan completamente con él que olvidó que era Dios, así también el individuo, en su amor por Dios, debe identificarse tan completamente con Dios que pueda vivir la vida de Dios, es decir, de manera imaginativa.

La obra de Dios que transforma al individuo en Dios se revela en la Biblia. Está llena de alegorías y simbolismo. El Nuevo Testamento está enraizado en el Antiguo Testamento, y lo antiguo se manifiesta en lo nuevo. La Biblia es una visión de la Ley de Dios y su

Promesa. Nunca tuvo la intención de enseñar historia, sino de guiarnos en la fe a través de los hornos de la aflicción hacia el cumplimiento de la promesa de Dios. Su propósito es despertarnos de nuestro profundo sueño y convertirnos en Dios. Sus personajes no viven en el pasado, sino en una eternidad imaginativa. Ellos son personificaciones de los eternos estados espirituales del alma. Marcan el viaje del individuo a través de la muerte eterna hacia el despertar a la vida eterna.

El Antiguo Testamento nos habla de la promesa de Dios. El Nuevo Testamento no nos dice cómo se cumplió esta promesa, sino cómo se cumple. El tema central de la Biblia es la experiencia mística directa e individual del nacimiento del niño, el niño del que habló el profeta.

*"Porque un niño nos ha nacido, un hijo nos ha sido dado, y la soberanía estará sobre sus hombros; y se llamará su nombre Admirable Consejero, Dios Poderoso, Padre Eterno, Príncipe de Paz. El aumento de su soberanía y de la paz no tendrán fin".*
*(Isaías 9: 6-7).*

Cuando este niño se revela en nosotros, lo vemos y lo experimentamos. La respuesta a esta revelación se puede expresar en las palabras de Job: "He sabido de ti solo de oídas, pero ahora mis ojos te ven". La historia de la encarnación no es una fábula, una alegoría o alguna ficción cuidadosamente diseñada para esclavizar las mentes humanas, sino un hecho místico. Es una experiencia mística personal del nacimiento de uno mismo a partir del propio cráneo, simbolizado en el nacimiento de un niño, envuelto en pañales y acostado en el piso.

Hay una distinción fundamental entre simplemente escuchar sobre el nacimiento del niño desde el interior del propio cráneo, un nacimiento que ningún científico o historiador podría explicar, y realmente experimentar el nacimiento, sostener en tus propias manos y ver con tus propios ojos este milagroso niño, un niño nacido desde arriba de tu propio cráneo, un nacimiento contrario a todas las leyes de la naturaleza. La pregunta, tal como se plantea en el Antiguo Testamento: "Pregunten ahora, y vean si el varón da a luz. ¿Por qué veo a todos los hombres con las manos sobre sus caderas, como mujer de parto? ¿Por qué se han puesto pálidos todos los rostros? (Jeremías 30:6-7)

La palabra hebrea "chalats" traducida erróneamente como "lomos" en realidad significa sacar, entregar, retirar el ser. El sacarse uno mismo del propio cráneo es precisamente lo que el profeta había previsto como el necesario nacimiento desde arriba (o volver a nacer), un nacimiento que le da al individuo entrada al reino de Dios y la percepción reflexiva en los niveles más elevados del Ser.

*A través de los siglos, "lo profundo llama a lo profundo... Despierta, tú que duermes. ¿Oh Señor, por qué duermes? ¡Despierta!"*

El evento registrado en los evangelios en realidad ocurre en el individuo. Sin embargo, la fecha y la hora de este momento, en el que el individuo es liberado, nadie lo conoce sino el Padre.

*"No te maravilles de lo que te dije: tienen que nacer de arriba. El viento sopla por donde quiere, y oyes su sonido, pero no sabes de dónde viene ni adónde va; así es con todo aquel que es nacido del Espíritu"*
*(Juan: 3: 7-8).*

Esta revelación del Evangelio de Juan es verdadera. Aquí está mi experiencia personal de este nacimiento desde arriba. Al igual que Pablo, no lo recibí de un ser humano ni me lo enseñaron. Vino a través de una experiencia mística genuina de nacer desde arriba. Solo aquellos que han experimentado este nacimiento pueden hablar verdaderamente de él. Antes de la experiencia, ¿quién podría creer que el niño, el Admirable Consejero, el Dios Poderoso, el Padre Eterno, el Príncipe de Paz, estaba presente en su propio cráneo? ¿Quién podría entender que su creador es también su esposo, y que el Señor de los ejércitos es su nombre? ¿Quién podría creer que el Creador entró en su propia creación, el individuo, y supo que era él mismo, y que esta entrada al cráneo del individuo, esta unión entre Dios y el individuo, dio como resultado el nacimiento de un Hijo desde el cráneo del individuo? Este nacimiento otorga vida eterna al individuo y una unión eterna con su Creador.

Lo que relato ahora no tiene la intención de imponer mis ideas a los demás, sino más bien de brindar esperanza a aquellos que, al igual que Nicodemo, se preguntan: "¿Cómo puede un hombre nacer siendo ya viejo? ¿Cómo puede entrar por segunda vez en el vientre de su madre y nacer? ¿Cómo puede ser esto?" Así es como me pasó a mí.

*"Escribe la visión y grábala en tablas, para que corra el que la lea. Porque es aún visión para el tiempo señalado; se apresura hacia el fin y no defraudará. Aunque tarde, espérala; porque ciertamente vendrá, no tardará. He aquí, el orgulloso, en él su alma no es recta, más el justo por su fe vivirá".*
*(Habacuc 2: 2-4).*

En la madrugada del 20 de julio de 1959, en la ciudad de San Francisco, tuve un sueño celestial en el que florecían las artes, pero fue repentinamente interrumpido por una intensa vibración centrada en la base de mi cráneo. Luego, comenzó a desarrollarse un drama tan real como los que experimento cuando estoy completamente despierto. Desperté de mi sueño para encontrarme completamente sepultado dentro de mi cráneo. Intenté liberarme empujando hacia abajo desde la base de mi cráneo. Algo cedió y sentí cómo me movía hacia abajo desde la cabeza, pasando por la base de mi cráneo. Lentamente, me extraje centímetro a centímetro. Cuando casi estaba fuera, sostuve lo que creí que era el pie de la cama y saqué el resto de mí fuera de mi cráneo. Descansé brevemente en el suelo y luego me levanté para contemplar mi cuerpo en la cama. Tenía el rostro pálido, yacía de espaldas y se movía de un lado a otro, como alguien que se recupera de una experiencia profunda. Mientras lo observaba, preocupado de que pudiera caerse de la cama, noté que la vibración que había iniciado todo el episodio no solo estaba en mi cabeza, sino que también parecía emanar de una esquina de la habitación. Miré hacia esa esquina y me pregunté si esa vibración podría ser causada por un viento muy intenso, un viento lo suficientemente fuerte como para hacer vibrar la ventana. No me di cuenta de que la vibración que todavía sentía dentro de mi cabeza estaba relacionada con lo que parecía venir de la esquina de la habitación.

Mirando hacia atrás a la cama, me sorprendió descubrir que mi cuerpo había desaparecido y, en su lugar, estaban sentados mis tres hermanos mayores. El hermano mayor ocupaba la posición de la cabeza, mientras que los otros dos estaban en donde estarían los pies. A pesar de que yo estaba consciente de ellos y podía percibir sus pensamientos, ninguno parecía ser consciente de mi presencia. De pronto, me di cuenta de la realidad de mi propia invisibilidad. Noté que la vibración de la esquina de la habitación también los había perturbado a ellos. El tercer hermano, especialmente, parecía muy inquieto y se acercó para investigar la fuente de la vibración. Fue entonces cuando su atención se centró en algo en el suelo, y exclamó: "Es el bebé de Neville". Esto generó la incredulidad de los otros dos hermanos, que preguntaron cómo podía ser que Neville tuviera un bebé. El hermano que sostenía al bebé en sus brazos lo colocó en la cama. En ese momento, utilicé mis manos invisibles para tomar al bebé y le pregunté: "¿Cómo está mi amor?" El bebé me miró a los ojos, sonrió y, en ese instante, me desperté en este mundo, para reflexionar sobre esta, la más grande de mis muchas experiencias místicas.

Tennyson ofrece una poderosa descripción de la muerte como un guerrero, un esqueleto, montado en un caballo negro como la noche, emergiendo en la oscuridad de la medianoche. Sin embargo, cuando la espada de Gareth atravesó el cráneo, allí estaba en él. "El rostro brillante de un niño en flor fresca como una flor recién nacida" (Idilios del Rey).

Continuaré compartiendo otras dos visiones porque refuerzan mi afirmación de que la Biblia es un hecho místico, donde lo escrito acerca del niño prometido en la ley de Moisés, los profetas y los Salmos, debe ser experimentado místicamente en la imaginación de cada individuo. El nacimiento del niño es un signo y un presagio, señalando la resurrección de David, el ungido del Señor, de quien dijo:

*"Mi hijo eres tú, yo te engendré hoy"*
*(Salmos 2: 7)*

Cinco meses después del nacimiento del niño, en la mañana del 6 de diciembre de 1959, en la ciudad de Los Ángeles, experimenté una vibración similar a la que precedió a su nacimiento. Esta vez, la intensidad de la vibración se concentró en la parte superior de mi cabeza. Luego, ocurrió una explosión repentina y me encontré en una habitación modestamente amueblada. En ese lugar, apoyado contra el costado de una puerta abierta, estaba mi hijo David, el famoso personaje bíblico. Era un joven en sus primeros años de adolescencia, y lo que más destacaba era su inusual belleza, tanto en su rostro como en su figura. Como se describe en el primer libro de

（LA LEY Y LA PROMESA）

Samuel, él era rubio, de ojos hermosos y bien parecido. Ni por un momento dejé de sentirme yo mismo. Sin embargo, sabía que este joven llamado David era mi hijo, y él también sabía que yo era su padre. Esta comprensión se mantuvo en ambos, ya que "la sabiduría de lo alto, es sin vacilación". Mientras estaba sentado allí, contemplando la belleza de mi hijo, la visión se desvaneció y desperté.

*"Yo y los hijos que el Señor me ha dado son señales y prodigios en Israel, de parte del Señor de los ejércitos, que mora en el monte Sion*
*(Isaías 8:18).*

Dios me dio a David como mi propio hijo.

*"Levantaré a tu descendiente después de ti, el cual saldrá de tus entrañas… Yo seré padre para él, y él será hijo para mí"*
*(2 Samuel 7: 2, 14).*

Dios no es conocido de ninguna otra manera que a través del Hijo.

*"Nadie conoce quién es el Hijo, sino el Padre, ni quién es el Padre, sino el Hijo, y aquel a quien el Hijo lo quiera revelar*
*(Lucas 10: 22).*

La experiencia de ser el Padre de David es el fin de la peregrinación del individuo en la tierra. El propósito de la vida es encontrar al Padre de David, el ungido del Señor, el Cristo.

*"Abner, ¿de quién es hijo este joven? Y Abner dijo: Por
su vida, oh rey, no sé. Y el rey dijo: Pregunta de quién
es hijo el joven. Cuando David regresó de matar al
filisteo, Abner lo tomó y lo llevó ante Saúl, con la
cabeza del filisteo en su mano. Y Saúl le dijo: Joven ¿de
quién eres hijo? Y David respondió: Yo Soy hijo de su
siervo Isaí el de Belén".*
*(1 Samuel 17:55-58)*

Jesé es cualquier forma del verbo "ser". En otras
palabras, Yo Soy el hijo de quien Yo Soy. Yo Soy
autoengendrado, el Hijo de Dios, el Padre. Mi padre y yo
somos uno. Soy la imagen del Dios invisible. Aquel que
me ha visto, ha visto al Padre. La pregunta "¿De quién es
hijo...?" No se refiere a David, sino al Padre de David, a
quien el rey había prometido liberar en Israel. Observa
que en todos estos pasajes (1 Samuel 17:55,56,58) la
interrogante del rey no versa sobre David, sino sobre el
Padre de David.

"He encontrado a David, mi siervo... Él me dirá: Tú
eres mi Padre, eres mi Dios, la roca de mi salvación. Y
yo lo declararé mi primogénito, el más excelso de los
reyes de la tierra".
(Salmos 89: 26-27).

El individuo que nace de arriba encontrará a David y
reconocerá que él es su propio hijo. Luego, preguntará a
los fariseos, quienes siempre nos acompañan: "¿Qué
piensan del Cristo? ¿De quién es hijo?" Cuando le
respondan: "El hijo de David", él les dirá:

*"Entonces, ¿cómo es que David en el Espíritu lo llama*
*Señor? ... Pues si David lo llama Señor, ¿cómo es su*
*hijo?"*
*(Mateo 22: 43, 45).*

El concepto erróneo acerca del papel del Hijo, considerándolo simplemente como un símbolo y un presagio, ha convertido al Hijo en un ídolo. "Hijitos, aléjense de los ídolos" (1 Juan 5: 21). Dios despierta; y aquel individuo en quien despierta se convierte en el progenitor de su propio padre. Aquel que era el hijo de David, "Jesucristo, hijo de David" (Mateo 1:1) se ha convertido en el padre de David. Ya no clamaré a "nuestro padre David, tu siervo" (Hechos 4:25) "He encontrado a David". Él dirá: "Tú eres mi padre" (Salmo 89). Ahora sé que soy uno de los Elohim, el Dios que se convirtió en hombre, para que el hombre se convierta en Dios.

*"Grande es el misterio de la piedad".*
*(1 Timoteo 3: 16).*

Si la Biblia fuera historia, no sería un misterio. "Espera la promesa del Padre" (Hechos 1:4) es decir, por David, el Hijo de Dios, quien te revelará como el Padre. Esta promesa, dice Jesús, la oíste de mí (Hechos 1:4) y se cumplirá en ese momento en el tiempo cuando le agrade a Dios darte a su Hijo, como "tu descendencia, que es Cristo".

Una figura retórica se utiliza con el propósito de captar la atención, enfatizando e intensificando la realidad del significado literal. La verdad es literal; las palabras utilizadas son figurativas.

*"El velo del templo se rasgó en dos, de arriba a abajo,*
*y la tierra tembló, y las rocas se partieron"*
*(Mateo 27:51).*

En la mañana del 8 de abril de 1960, cuatro meses después de que me fuera revelado que soy el padre de David, un rayo emergió de mi cráneo y me partió en dos, desde la parte superior de mi cráneo hasta la base de mi columna. Estaba hendido como un árbol alcanzado por un rayo. En ese momento, me sentí y me vi como una luz líquida dorada ascendiendo por mi columna en un movimiento serpenteante; al ingresar en mi cráneo, vibró como un terremoto.

*"Probada es toda palabra de Dios; él es escudo para*
*los que en él se refugian. No añadas a sus palabras, no*
*sea que él te reprenda, y seas hallado mentiroso"*
*(Proverbios 30:5-6).*

*"Y como Moisés levantó la serpiente en el desierto, así*
*es necesario que sea levantado el Hijo del hombre"*
*(Juan 3:14).*

Estas experiencias místicas contribuirán a rescatar a la Biblia de los aspectos externos de la historia, las personas y los eventos, y restaurarán su auténtico significado en la vida de las personas. Las Escrituras deben cumplirse "en" nosotros. La promesa de Dios se cumplirá. Tú tendrás estas experiencias:

*"Y serán mis testigos en Jerusalén, en toda Judea y*
*Samaria, y hasta los confines de la tierra".*
*(Hechos 1: 8).*

El círculo se amplía: Jerusalén, Judea, Samaria, los confines de la tierra. Ese es el plan de Dios. La Promesa aún está madurando, esperando su momento y su hora señalada, aunque las pruebas que enfrentarás antes de encontrar a David, tu hijo, quien te desvelará como Dios, el Padre, serán extensas, profundas y arduas. Sin embargo, se apresura hacia el fin y no fallará. Así que espera, porque ciertamente no tardará.

*"¿Hay algo demasiado maravilloso para el Señor?*
*Volveré a ti al tiempo señalado, por este tiempo el año*
*próximo, y Sara tendrá un hijo".*
*(Génesis 18:14).*

155

Sabiduría de Ayer, para los Tiempos de Hoy

www.**wisdom**collection.com

Printed in France by Amazon
Brétigny-sur-Orge, FR

17336893R00096